Michael Tessin

BOULDER-WORKOUT

Übungen für mehr Kraft
beim Bouldern und Klettern

Impressum

2. Auflage Januar 2017

ISBN 978-1530775521

Verlag: CreateSpace Independent Publishing

Inhaltsverzeichnis

Einleitung

Ich freue mich, dass Sie sich für mein Workout interessieren, um beim Bouldern und Klettern mehr Kraft zu bekommen. Vielleicht geht es Ihnen jetzt so, wie es mir vor etwa fünf Jahren erging?

Ich besuchte mehrmals pro Woche die Boulderhallen unserer Stadt. Schon nach einem halben Jahr hatte ich ein beachtliches Niveau erreicht. Ich kletterte in einem Schwierigkeitsbereich, den man als fortgeschritten bezeichnen kann. Wie bei den meisten anderen Sportarten, verläuft die Lernkurve auch beim Bouldern zunächst steil nach oben und flacht dann – individuell verschieden – nach einer gewissen Zeit ab. In dieser Situation hat man das Gefühl, nicht mehr weiterzukommen und auf der Stelle zu treten.

Also habe ich zahlreiche Lehrbücher erworben und im Internet nach Anleitungen und Ideen gesucht, um meine Leistungen wieder steigern zu können.

Es gibt allerdings nicht viele Bücher, die meine Vorstellungen gänzlich erfüllt haben. Zahlreiche interessante Ideen und vielversprechende Trainingsmethoden finden sich zwar nach längerer Recherche im Internet, aber oft war mir nicht klar, ob sie für den durchschnittlich Kletterbegeisterten überhaupt geeignet sind, oder ob man langjähriger Profisportler sein muss, um damit erfolgreich zu sein.

So kam, was kommen musste: Bereits nach einem Jahr baute ich mir mit stark übertriebenen Erwartungen ein Campusboard aus einer Tischlerplatte und Dachleisten (siehe Erklärung Seite 48).

Dabei handelt es sich um ein Trainingsgerät für extrem fortgeschrittene Kletterer, das wollte ich damals aber nicht wahrhaben. Nach kurzer Zeit musste ich jedoch anerkennen, dass mich das Training stark überforderte und es mich keineswegs weiterbrachte. Ganz im Gegenteil: Meine Finger waren sogar dermaßen beansprucht, dass sich bald schmerzende Entzündungen einstellten, die mich beim Klettern ausbremsten und gleichermaßen im Alltag einschränkten. Ich erinnere mich noch sehr gut, wie ich nahezu stundenweise meine Finger gedehnt und einen Schaumstoffball geknetet habe – das sollte den Heilungsprozess beschleunigen.

Zum Glück ruderte ich rechtzeitig wieder ein wenig zurück und überlegte, welche weiteren Möglichkeiten es für mich geben könnte, um beim Bouldern besser zu werden. Nach einiger Zeit fand ich heraus, dass mich allein die Verbesserungen in folgenden vier Aspekten sehr viel weitergebracht haben als alle anderen Bemühungen vorher:

- Kraft
- Körperspannung
- Beweglichkeit
- Körpergewicht

In diesem Buch stelle ich meine persönlichen Favoriten unter den vielen Übungen, die ich in den letzten Jahren ausprobiert habe, in Form eines kompletten Workouts vor, bei dem die ersten drei Aspekte Kraft, Körperspannung und Beweglichkeit im Vordergrund stehen werden.

Training planen

Wenn Sie bereits seit einiger Zeit bouldern oder klettern, haben Sie möglicherweise einen oder mehrere feste Tage dafür in der Woche eingeplant. Es ergibt sich für Sie jetzt wahrscheinlich die Frage, wie Sie das Workout zusätzlich noch zeitlich in Ihren Terminplan unterbringen können.

Sie können das Workout im Anschluss an das Klettern absolvieren. In diesem Fall ist es nicht sehr intensiv, aber Sie müssen keinen Klettertag für das Workout aufgeben.

Ich empfehle Ihnen, das Workout nicht öfter als einmal pro Woche durchzuführen! (Es sei denn, Sie können für mehrere Wochen nicht klettern.) Übermäßiges Training schadet dem Körper. Wenn Sie einmal bis dreimal pro Woche klettern und dabei einmal das Workout absolvieren, erreichen Sie auf Dauer mehr, als wenn Sie noch häufiger trainieren. Zu viel Training geht einher mit zu wenig Zeit für die erforderliche Regeneration, das sogenannte Übertraining ist die unmittelbare Folge!

Übertraining stellt sich ein, wenn Sie so lange und intensiv trainieren, dass sich Ihr Körper nicht mehr vollständig regenerieren kann. Sie benötigen dann Wochen oder sogar Monate, bis Sie sich wieder von der Belastung erholen. Übertraining ist vergleichbar mit einem Kurzschluss im zentralen Nervensystem. Das Gehirn steuert die Muskeln, indem es Nervenimpulse über das Rückenmark an das Muskelgewebe sendet. Wenn Sie Ihren Körper permanent überlasten, können diese Nervenimpulse schwächer werden und ihre Aufgabe nicht mehr hinreichend erfüllen.

Es gibt unterschiedliche Ursachen für diese permanente Überlastung, die zu Übertraining führen können. Die wichtigsten sind zu schnelles Erhöhen von Umfang, Intensität und Häufigkeit des Trainings. Aber auch wenn Sie sich zu wenig Zeit für die erforderliche Regeneration nehmen oder Sie in anderen Lebensbereichen (Beruf, Familie, usw.) Stress ausgesetzt sind, kann dies eine Überlastung bewirken.

Es kommt also darauf an, Übertraining rechtzeitig zu erkennen. Es gibt eine Reihe von Anzeichen für Übertraining wie Müdigkeit, Leistungsabfall, häufige Verletzungen, Rastlosigkeit, erhöhter Blutdruck, geringe Ausdauer, niedriger Puls, allergische Reaktionen und viele mehr.

Eindeutige Anzeichen sind folgende:

Symptom 1: Lustlosigkeit

Sie können sich gerade noch aufraffen, aber Sie haben nicht wirklich Lust zu trainieren. Wenn dieser Zustand mehrere Tage oder Wochen andauert, signalisiert Ihnen Ihr Körper unmissverständlich, dass er Ruhe und Entspannung benötigt.

Symptom 2: Anhaltend starker Muskelkater

Im Gegensatz zum normalen Muskelkater sind die Schmerzen intensiver und halten einige Tage länger als gewöhnlich.

Symptom 3: Rastlosigkeit und Unkonzentriertheit

Übertreiben Sie im Training, können Sie auch das sympathische Nervensystem (Sympathikus) überfordern. Es ist ein Teil des vegetativen Nervensystems und spielt eine Rolle bei der Regulation von Blutkreislauf und Stoffwechsel. Wenn der Sympathikus überreizt ist, werden Sie nervös, reizbar und rastlos. Es fällt dann auch schwer, sich zu konzentrieren. Unter nervöser Anspannung regeneriert der Körper noch langsamer.

Symptom 4: Gelenk- und Gliederschmerzen

Stechende Schmerzen in den Gelenken und Gliedern, die plötzlich kommen und wenige Sekunden anhalten, sind ebenfalls ein typisches Merkmal von Übertraining.

Symptom 5: Infektionsanfälligkeit

Zu viel Training kann schließlich auch das Immunsystem überfordern. Sie werden häufiger krank als sonst, ein durchaus typisches und nicht zu unterschätzendes Merkmal von Übertraining.

Übertraining können Sie also erkennen, wenn Sie den Signalen Ihres Körpers genügend Aufmerksamkeit einräumen. Ignorieren Sie nicht die Hilferufe Ihres Körpers und reagieren Sie rechtzeitig auf die oben genannten Symptome, um nicht in das Übertraining zu geraten. Ist es dennoch einmal dazu gekommen, sollten Sie zunächst für mehrere Tage eine absolute Trainingspause einlegen. Anschließend müssen Sie Intensität und Umfang des Trainings reduzieren, und zwar solange bis Sie sich wieder erholt fühlen. Bei starken Formen des

Übertrainings können durchaus sechs bis 12 Wochen Erholung erforderlich werden, bevor die oben genannten Symptome abgeklungen sind.

Übertraining lässt sich vermeiden, wenn Sie u. a. folgende Dinge beachten. Als erstes können Sie versuchen, ein oder zwei Stunden früher schlafen zu gehen und an der Schlafqualität arbeiten, indem Sie Wert auf einen langen und ungestörten Tiefschlaf legen. Zweitens spielt die Ernährung eine zentrale Rolle. Es heißt: „Du bist, was du isst". Das gilt besonders für die Regeneration. Es ist wichtig, sowohl ausreichend Eiweiße, gesunde Fette und Kohlenhydrate als auch Vitamine und Mikronährstoffe aus Obst und Gemüse zu essen.

Weiterhin sollten Sie Stress vermeiden. Passen Sie besser Ihr Training an die Herausforderungen anderer Lebensbereiche (Job, Umzug, Krankheit in der Familie usw.) an, wenn Sie von ihnen zu sehr in Anspruch genommen werden. Gestalten Sie Ihr Training so, dass es keine zusätzliche Belastung, sondern vielmehr eine Erholung für Sie sein wird.

„Weniger ist mehr" gilt auch für Ihr Training. Sie können den Gefahren eines Übertrainings begegnen, wenn Sie die Intensität Ihres Trainings moderater gestalten. Dafür ist es erforderlich, dass Sie einige Regeln beachten. Zunächst sollten Sie kein Training an zwei aufeinanderfolgenden Tagen absolvieren. Beachten Sie auch den Grundsatz der kleinen Schritte: Wenn Sie die Intensität erhöhen möchten, sollten Sie sich ausreichend Zeit dafür nehmen. Sie können Übertraining vermeiden, indem Sie die Intensität von einer Trainingseinheit auf die nächste nur geringfügig erhöhen. Sie können sogar alle vier Wochen eine sogenannte Regenerationswoche in Ihr Programm einbauen.

Schließlich können Sie auch mit „aktiver Regeneration" Ihre Erholung unterstützen und damit Verletzungen und Übertraining vermeiden. Dazu gehören z. B. Stretching, Meditation und Yoga (mit dem Fokus auf Atmung und Entspannung), Schwimmen und Wandern. In der Regel sorgen Sie dabei für eine bessere Durchblutung, so dass Stoffwechselprodukte schneller beseitigt werden und eine schnellere Erholung möglich wird.

Es ist sinnvoll, jedes Training regelmäßig zu betreiben. Findet es zu selten statt, ist es wenig effektiv. Der Körper soll sich durch das Training auf erneute Belastungen anpassen, indem die Muskulatur stärker wird. Bleiben die Belastungen aus, bildet sich die Muskulatur genauso schnell wieder zurück, wie sie aufgebaut wurde.

Findet das Training zu häufig statt, treten die Probleme des Übertrainings auf. Deshalb ist es sinnvoll, einen Wochenplan aufzustellen.

Die beiden folgenden Beispiele orientieren sich an der Empfehlung, nach jeder sportlichen Aktivität einen Ruhetag einzulegen. Diesen kann man dann für leichten Ausgleichssport (Wandern, Schwimmen etc.) nutzen oder einen Wellness-Tag einlegen.

Beispiel 1:	Montag:	frei
	Dienstag:	Bouldern
	Mittwoch:	frei
	Donnerstag:	***Workout***
	Freitag:	frei
	Samstag:	Bouldern
	Sonntag:	frei

Bei diesem Wochenplan wird zweimal gebouldert bzw. geklettert. Die meisten Menschen, die vom Bouldern begeistert sind, werden nicht nur einmal pro Woche klettern wollen. Aber dreimal ist selten möglich, einerseits aus Kostengründen – wenn man nicht gerade eine Jahreskarte für die Boulderhalle gekauft hat – andererseits fehlt dafür in den häufigsten Fällen die Zeit.

Jedenfalls bietet es sich an, das Workout an einem bestimmten Tag in der Woche zu absolvieren. Da man dafür nicht das Haus verlassen muss, ist der Zeitaufwand für das Workout so gering, dass man es gut in den normalen Tagsablauf integrieren kann: Entweder morgens am Wochenende oder abends sollte man dafür immer Zeit finden können.

Beispiel 2:	Montag:	Bouldern
	Dienstag:	frei
	Mittwoch:	Bouldern
	Donnerstag:	frei
	Freitag:	Bouldern + ***Workout***
	Samstag:	frei
	Sonntag:	frei

Bei diesem Wochenplan wird dreimal pro Woche gebouldert bzw. geklettert. Es sollte dann möglich sein, einen der Klettertage um das Workout zu erweitern. In diesem Beispiel wurde der Freitag gewählt, um am Wochenende optimal regenerieren zu können. Wählen Sie den Samstag darüber hinaus zu einem Wellness-Tag, an dem Sie z. B. in die Sauna gehen, oder meditieren, sind Sie hinsichtlich der erforderlichen Regeneration für die folgende Trainingswoche bestens vorbereitet!

Analog zu einem Wochenplan können Sie sich natürlich auch einen Monatsplan erstellen.

Wenn Sie überwiegend ein spontaner Mensch sind, oder nur Sport treiben möchten, wenn Sie Lust dazu haben, planen Sie nicht für die Zukunft, sondern protokollieren Sie Ihre sportlichen Aktivitäten in einen Kalender oder in ein Notizbuch. Damit haben Sie stets einen guten Überblick darüber, in welcher Frequenz die letzten Trainingseinheiten und Workouts stattgefunden haben.

Exkurs in die Trainingslehre

Die Kraftausdauer für das Klettern trainieren Sie am besten durch Klettern, Klettern und nochmal Klettern [Perwitzschky, 2013]. In der Regel ist das eine gut geeignete Form, des Trainings. Sie sammeln dabei Bewegungserfahrung, verbessern Ihre Technik und bauen Kraft auf.

Wenn Sie allerdings selten zum Klettern kommen, aber dennoch Ihre Leistung steigern möchten, sind einige Trainingseinheiten unumgänglich.

Jedes Training bewirkt ein kurzfristiges Absinken der Leistungsfähigkeit der Muskulatur. Am Ende eines Trainings oder Klettertages erreicht die Leistungsfähigkeit ihr niedrigstes Niveau. Danach beginnt der Prozess der Regeneration. Er endet aber nicht beim Ausgangsniveau, sondern der Körper versucht erneuten, durch Belastungen erzeugten Reizen vorzubeugen, indem er die Reserven über das ursprüngliche Niveau auffüllt.

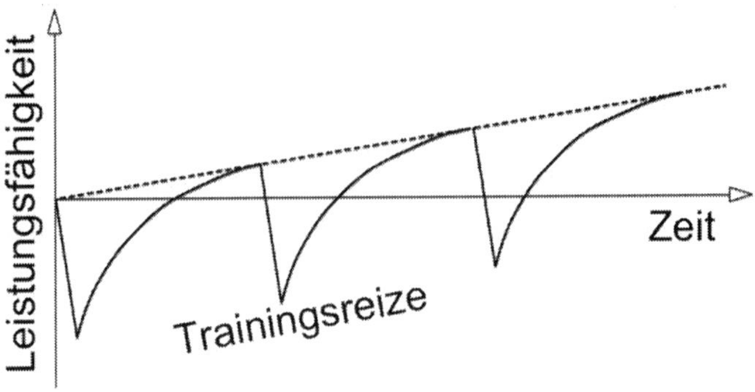

Erfolgt regelmäßig ein neuer Reiz, möglichst in dem Moment, in dem die Leistungsfähigkeit am höchsten ist, wird eine kontinuierliche Leistungssteigerung erreicht. Dieser Vorgang wird als **Superkompensation** bezeichnet.

Erfolgt kein weiterer Reiz, sinkt die Leistungsfähigkeit schnell wieder auf das ursprüngliche Niveau ab. Aus diesem Grund ist die Abfolge der Trainingseinheiten ein wesentlicher Punkt.

Fazit: Trainieren Sie regelmäßig, am besten mehrmals in der Woche. Machen Sie zwischen den Trainingstagen mindestens einen Tag Pause.

Bevor es losgeht...

Jeder Mensch ist anders. Und jeder hat seine spezielle Art, um sich oder andere zu motivieren. Ich möchte Ihnen ergänzend meine persönlichen Tricks näher erläutern.

Zunächst höre ich auf meinen Körper. Spüre ich irgendein Anzeichen, dass ich körperlich oder mental nicht bereit für das Workout bin, verschiebe ich es lieber auf einen anderen Termin. Allerdings sollten Sie dann nicht ein weiteres Mal verschieben, sonst hätte der „innere Schweinehund" zu leichtes Spiel.

Bei mir gehört bei einem Workout oder einem Waldlauf immer Musik mit beschwingtem Rhythmus dazu, die gute Laune macht.

Ich habe beim Training immer einen Küchentimer dabei. Diesen können Sie so einstellen, dass er wie bei einer Stoppuhr die Sekunden und Minuten fortlaufend zählt. Aber man kann ihn auch als Countdown-Timer benutzen, indem man z. B. 20 Sekunden einstellt und anschließend auf Start drückt. Jetzt zählen die Sekunden rückwärts und nach Ablauf der Zeit ertönt ein akustisches Signal.

Weil ich die Pausen mit dem Timer genau einhalten kann, fällt mir das Training im Endeffekt viel leichter.

Ich gebe beim Training immer möglichst alles. Dabei hilft es mir, einen Plan vor Augen zu haben, was noch alles auf dem Programm steht. Ich sage mir dann z. B. „Das ist die letzte Übung für die Beine, gib nochmal alles." oder „noch zwei Übungen, dann freue dich auf die Post-Workout-Mahlzeit und ein (alkoholfreies) Bier".

Das Workout wird etwa 60 Minuten dauern. Wenn Sie zusätzlich eine Boulder-Session absolvieren, verlängert es sich natürlich entsprechend. Für das Aufwärmen benötigen Sie in der Regel 5 bis 8 Minuten. Um Sie besser zu motivieren, bekommen Sie nach jeder Übung von mir einen Hinweis, wie lange das Workout wahrscheinlich noch dauern wird. Wenn Sie zum ersten Mal nach diesem Buch trainieren, wird es länger dauern, weil Sie noch öfter im Buch nachschlagen und die Beschreibung zur Ausführung einer Übung lesen müssen. Aber mit der Zeit werden Sie das Workout nach 60 Minuten abschließen können.

Zu wissen, wie lange ein Workout noch dauert, hat einige Vorteile. Ersten können Sie Ihren inneren Schweinehund beruhigen mit „Halte durch, gleich hast du es geschafft!". Zweitens müssen Sie sich nicht stressen, wenn Sie das Workout in der Boulderhalle machen, die aber demnächst geschlossen wird, oder wenn Sie anschließend einen Termin haben. Schauen Sie auf die Uhr und sagen Sie sich: „Alles im Plan, ich werde pünktlich fertig sein."

Los geht's!

Noch 60 Minuten!

Teil 1: Aufwärmen

Jede sportliche Aktivität beginnt idealerweise mit Aufwärmen.

Ziel des Aufwärmens ist, verbesserte Ausgangsbedingungen für die muskuläre, organische und geistige Leistungsfähigkeit zu schaffen und das Verletzungsrisiko zu mindern. Beim Aufwärmen kommt es durch die Erhöhung der Körperkern- und der Muskeltemperatur zu einer Aktivierung von förderlichen Stoffwechselvorgängen und zu einer vermehrten Ausschüttung von Gelenkflüssigkeit. Die vermehrte Durchblutung des Muskelgewebes erhöht die Enzymaktivität und verbessert das Zusammenspiel zwischen Nervensystem und Muskulatur. In Muskeln, Sehnen und Bändern nimmt der sogenannte viskoelastische Reibungswiderstand ab.

Das allgemeine Aufwärmen geschieht am besten durch Einlaufen. Weil dies in der Kletterhalle nicht immer möglich ist, und in der heimischen Wohnung gar nicht geht, habe ich als zweite Übung meinen absoluten Favoriten in das Programm genommen. Ich hoffe, Sie können sich dafür ebenso begeistern wie ich! Alternativ können Sie auch ein Springseil benutzen. Hauptsache ist, dass Ihr Kreislauf richtig in Schwung kommt und die Körpertemperatur erhöht wird.

Achtung: Ein intensives Stretching ist für die Aufwärmphase nicht geeignet, weil die Muskulatur dadurch in eine Erholungsphase gebracht wird und sich der Muskeltonus (Anspannung der Muskulatur) senkt.

Beim Klettern ist es besonders wichtig, die Finger aufzuwärmen. Dazu empfehle ich einen Schaumstoffball (erhältlich auch unter der Bezeichnung Knetball oder Stressball). Diesen können Sie während der ersten beiden Übungen bereits ausgiebig kneten. Ein leichtes Dehnen der Finger ist ebenfalls erlaubt, sofern keine extremen Endpositionen eingenommen werden.

Übung 1: Armkreisen und Greifen

Sie beginnen mit einer Übung, die den Oberkörper moderat aufwärmen wird. Darüber hinaus sorgt die Übung dafür, dass Ihre Arme und Schultergelenke mobilisiert werden. Das ist besonders als Vorbereitung für eine Boulder-Session von großem Nutzen, darüber hinaus auch für die beiden ersten Kraftübungen im Teil 3 dieses Workouts, Klimmzüge und Liegestütze.

Bei dieser Übung lassen Sie in erster Linie die Arme kreisen. Damit auch gleich die Hände und Finger aufgewärmt werden, können Sie diese entweder in schnellem Wechsel öffnen und wieder zu einer Faust schließen. Oder Sie nehmen idealerweise in jede Hand einen Schaumstoffball, um diesen während der gesamten Ausführung zu kneten. Haben Sie nur einen Ball, wechseln Sie regelmäßig die Hand.

Die Kombination des Armkreisens mit dem Greifen bzw. Kneten eines Schaumstoffballes spart Zeit und erfordert auch ein wenig mehr Koordination. Wenn es Ihnen lieber ist, können Sie die Hände auch anschließend oder in den Pausen zwischen den Durchgängen aufwärmen.

Ausführung „Armkreisen"

Bringen Sie die Füße in eine hüftbreite Stellung. Die Knie sind leicht gebeugt. Der Bauch ist angespannt und die Wirbelsäule gestreckt.

Heben Sie die gestreckten Arme zur Seite in eine waagerechte Position, so dass sie eine Linie bilden.

Lassen Sie nun die Arme um diese horizontale Achse kreisen. Beginnen Sie mit einem kleinen Radius.

Steigern Sie langsam den Radius, ohne einem Widerstand (insbesondere bei Verspannungen) entgegen zu arbeiten.

Währenddessen öffnen und schließen Sie die Hände so schnell Sie können, um die Hände aufzuwärmen.

Machen Sie zwei Durchgänge mit jeweils etwa 30 kreisenden Bewegungen. Zwischen jedem Durchgang legen Sie eine Pause von 30 Sekunden ein.

Ich lasse die Arme ausschließlich nach hinten kreisen, weil ich der Meinung bin, dass dies eine aufrechte Körperhaltung begünstigt. Sie können die Richtung auch nach Belieben wechseln.

Übung 2: Hampelmann

Als nächstes sollen Sie Ihren Kreislauf in Schwung bringen. Dazu gibt es verschiedene Möglichkeiten (Laufen, Seilspringen und zahlreiche andere). Ich empfehle Ihnen aus gutem Grund eine Übung, die Sie bestimmt noch aus dem Sportunterricht kennen, bei der Sie hüpfend die Hände über dem Kopf zusammengeklatscht haben und bei der Sie wahrscheinlich viel Spaß hatten.

Diese Übung heißt Hampelmann (bzw. Hampelmänner, englisch „Jumping Jack“) und hat einige Vorteile gegenüber den meisten anderen Aufwärmübungen:

- Sie ist leicht erlernbar. Es geht eigentlich nur darum, die Arme und Beine gleichzeitig zusammen oder auseinanderzuführen, während Sie in die Luft springen.
- Die Übung ist sehr effektiv, weil nahezu der ganze Körper beansprucht wird (sogar Arme und Brustmuskulatur).
- Sie können die Schwierigkeit anpassen, indem Sie die Geschwindigkeit bei der Ausführung verringern (kurze Pausen bis zu zwei Sekunden zwischen den Sprüngen einlegen) oder erhöhen.

Auch wenn es spielerisch aussieht, und es Ihnen als Kind relativ leicht gefallen ist, ist diese Übung durchaus sehr anstrengend. Sie werden wahrscheinlich ins Schwitzen geraten und sollten die Intensität der Übung deshalb nicht übertreiben. Ihr Puls darf gerne nach oben schnellen, aber bitte nicht „bis zum Anschlag“. Eine frühzeitige Verausgabung reduziert die Wirkung des anschließenden Workouts.

Häufige Fehler bei der Ausführung von Hampelmännern ist ein Abfälschen der Bewegungen, insbesondere wenn das Tempo sehr hoch ist. Durch die Geschwindigkeit kann es schnell passieren, dass die Arme nicht mehr durchgestreckt bleiben, sondern stark einknicken. Dies ist nicht gefährlich, mindert jedoch den Effekt für Schulter- und Brustmuskulatur.

Achten Sie beim Springen darauf, nicht mit den Knien nach innen einzuknicken. Auch die Füße dürfen nicht nach innen gedreht werden. Dabei wirken hohe Scherkräfte auf Ihre Kniegelenke ein, Verletzungen sind die unmittelbare Folge.

Ausführung „Hampelmann“

Sie stehen aufrecht, die Füße etwa schulterbreit auseinander, die Arme hängen herab.

Um die dynamische Bewegung ausführen zu können, verlagern Sie das Gewicht auf die Zehenspitzen und spannen den Körper an.

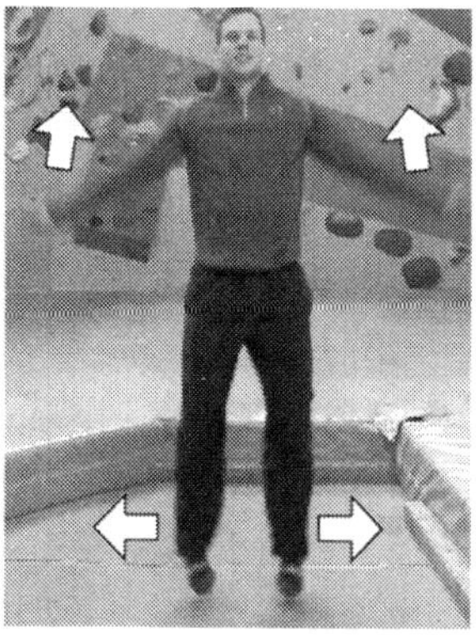

Mit einem Sprung heben Sie sich (ein wenig) vom Boden ab, um in eine kleine Grätsche zu springen. Gleichzeitig bewegen Sie die stets ausgestreckten Arme über den Kopf.

Bei der Landung sind Ihre Arme senkrecht nach oben ausgestreckt, während Ihre Beine deutlich gespreizt sind.

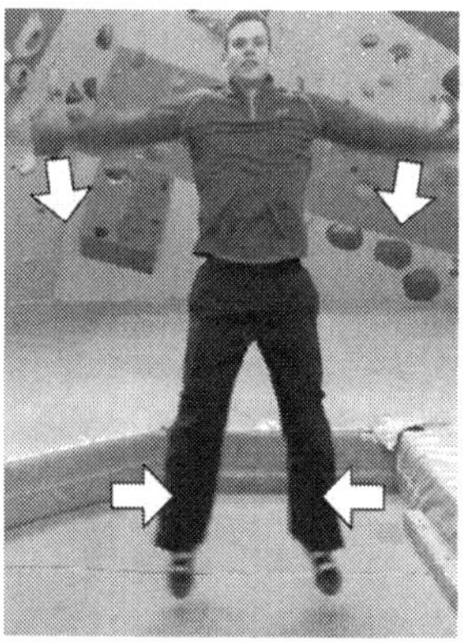

Mit einem erneuten Sprung kehren Sie wieder zur Ausgangsposition zurück, wobei Sie weiterhin auf den Zehenspitzen stehen.

Machen Sie zwei Durchgänge für jeweils 30 bis 60 Sekunden, ohne sich zu sehr zu verausgaben. Zwischen jedem Durchgang legen Sie eine Pause von 60 Sekunden ein.

Teil 2: Bouldern

Bevor Sie die Übungen für das Workout beginnen, können Sie zunächst eine Boulder-Session oder eine Kletter-Tour absolvieren. Danach ist kein zweites Aufwärmen für das Workout mehr erforderlich, sofern Sie keine längere Pause eingelegt haben bzw. einlegen werden. Achten Sie jedoch in jedem Fall darauf, dass sich Ihr Körper nicht zu sehr abkühlt.

Ich empfehle Ihnen jedoch, das Workout möglichst an einem separaten Tag zu absolvieren. Idealerweise haben Sie vorher einen Ruhetag gehabt, so dass Sie fit sind und keinen Muskelkater mehr spüren. Beachten Sie, dass das Workout nach einer Boulder-Session nicht so intensiv und effektiv sein kann, wie an einem Tag, an dem Sie ausgeruht sind.

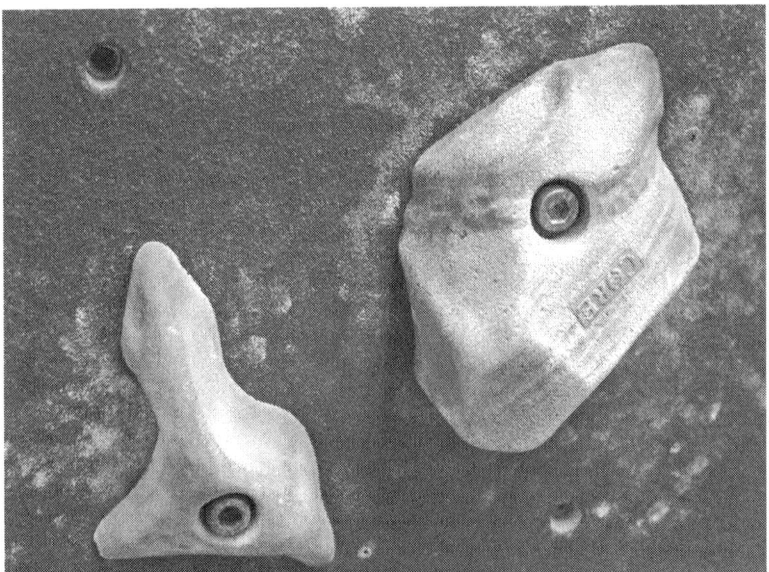

Typische Boulder-Griffe in der Halle

Wenn Sie am Trainingstag nicht bouldern, sondern das Workout zu Hause absolvieren, hat dies den Vorteil, dass Sie ungestört sind. Machen Sie aber bitte nicht den Fehler, im Anschluss an das Bouldern nach Hause zu fahren und dort mit dem Workout fortzufahren. Ihr Körper ist dann zu einer weiteren Anstrengung nicht mehr in der

Lage. Die Muskulatur ist inzwischen wieder voll abgekühlt und regenerative Prozesse haben bereits eingesetzt. Ein sinnvolles Workout ist in diesem Fall ausgeschlossen.

Es gibt jedoch gute Gründe, Klettern und Workout an einem Tag zu absolvieren. Wenn Sie mehrmals in der Woche Klettern gehen, möglicherweise sogar jeden zweiten Tag, bietet es sich an, das Workout an einem bestimmten Tag in der Woche an das Klettern anzuschließen. (Ich kann es gut nachvollziehen, wenn Sie am liebsten so oft wie möglich klettern möchten.) Sollten Sie aus beruflichen Gründen nur einmal oder zweimal in der Woche Zeit findet, Sport zu treiben, haben Sie keine andere Wahl, als Klettern und Workout zu kombinieren.

Sollten Sie sich also entschlossen haben, an dieser Stelle eine Boulder-Session (oder eine Klettertour) zu absolvieren, dann achten Sie bitte darauf, nicht bis an die Leistungsgrenze zu gehen. Denken Sie daran, dass Sie anschließend noch ein Workout auf dem Programm stehen haben!

Klettern Sie also nur einige leichte Routen, bevor Sie sich an neue, kraftzehrende Probleme wagen. Schauen Sie auf die Uhr (nach einer Stunde sollten Sie spätestens zu Ihrem Workout übergehen) oder achten Sie rechtzeitig auf erste Ermüdungserscheinungen (wenn es dann nicht schon zu spät für ein effektives Workout ist).

> Nutzen Sie die Zeit beim Klettern, Ihre Technik zu verbessern. Die kletterspezifischen Muskeln können in keinem Workout der Welt sinnvoller trainiert werden als durch regelmäßige Praxis in der Boulderhalle und am Felsen. Auch das Eindrehen, Körpergewichtverlagerung (Stichwort „offene Tür“), spezielle Körperpositionen („Ägypter“, „Frosch“ etc.), Fußarbeit (Fußwechsel, „Toe-Hook“ etc.), Auge-Hand- und Auge-Fuß-Koordination lassen sich nur durch wiederholtes Üben weiterentwickeln. (All dies kann aber nicht Gegenstand dieses Buches sein.)

Zum Abschluss Ihrer Boulder-Session klettern Sie noch ein paar leichte Routen (Ausbouldern). Gehen Sie dann unverzüglich zur ersten Übung des Workouts über. Wenn Sie jetzt eine längere Pause einlegen, würden Sie „kalt“ werden. Die Übungen fallen Ihnen dann schwerer, als würden Sie mit aufgewärmten Muskeln gleich weiter trainieren.

Teil 3: Oberkörper-Workout

Bei jedem Krafttraining gilt der Grundsatz, erst die großen Muskeln, und danach die kleinen Muskeln zu trainieren. Dementsprechend folgt das Training für die Fingerkraft erst am Ende des Workouts, obwohl Sie es vielleicht am Anfang erwartet hätten, die Fingerkraft ist schließlich beim Klettern ohne Zweifel zwingend erforderlich und somit am wichtigsten.

Das Workout, das ich in diesem Buch beschreibe, beginnt mit dem Oberkörper. Hier trainieren Sie in erster Linie Rücken-, Arm- und Schultermuskeln. Weiterhin werden Brustmuskulatur und Trizeps berücksichtigt, indem Sie Liegestütze absolvieren. Die zuletzt genannte Übung hilft dabei, das muskuläre Gleichgewicht zu erhalten. Beim Klettern brauchen Sie die Brustmuskeln und den Trizeps eher selten. (Es gibt u. U. einige Probleme, die Sie mit stützenden Bewegungen lösen müssen, sie halten sich zahlenmäßig jedoch in Grenzen.) Dennoch – oder gerade deswegen – ist es wichtig, die sogenannten Antagonisten (Gegenspieler) zu trainieren, also die Muskeln, die beim Klettern nicht beansprucht werden.

Wenn die Rückenmuskulatur verhältnismäßig stärker ausgeprägt wäre als die Brustmuskulatur, bzw. der Armbeuger stärker als der Armstrecker, kann es zu Fehlhaltungen kommen. Achtet man jedoch darauf, alle Muskeln des Körpers gleichmäßig stark zu trainieren, trägt das nicht nur zum besseren Erscheinungsbild bei, sondern dient auch der langfristigen Gesunderhaltung des Körpers.

Für das Aufwärmen haben Sie etwa 5 Minuten gebraucht, vielleicht auch ein wenig mehr.

Wenn Sie eine Boulder-Session absolviert haben, sollten Sie jetzt etwas trinken und eventuell ein paar schnelle Kohlenhydrate zu sich nehmen, am besten trinken Sie eine Saftschorle und genehmigen sich einen Snack.

Anschließend geht es weiter zum Teil 3, dem Oberkörper-Workout.

In regelmäßigen Abständen (nach Ablauf weiterer 5 oder 10 Minuten der Workout-Zeit) sehen Sie die Stoppuhr, die Ihnen anzeigt, wie viele Minuten Sie noch zu absolvieren haben – vorausgesetzt, Sie halten sich genau an meine Vorgaben. Natürlich können Sie auch Übungen auslassen oder eigene Übungen hinzufügen. Dann ignorieren Sie bitte einfach die Zeitangaben.

Noch 55 Minuten!

Übung 3: Klimmzüge

Es gilt durchaus die Aussage, dass eine gute Beintechnik der Schlüssel zum guten Klettern ist, und dass viel Kraft bei Anfängern zu einem schlechten Kletterstil führen kann. Haben Anfänger viel Kraft in den Armen und können sich spielend an jedem Griff hochziehen, so dass sie die Route sogar ohne Einsatz der Füße hangeln können, besteht die Gefahr, dass die Beintechnik von Beginn an vernachlässigt wird. Man könnte also behaupten, dass es für die Entwicklung einer effizienten und eleganten Klettertechnik von Vorteil ist, wenn man wenig Kraft hat. Dem kann ich nur zustimmen. Denn spätestens, wenn die Routen schwerer und die Griffe kleiner werden, kommt es viel häufiger auf eine gute Körperspannung und viel Kraft in Füßen und Beinen an. Man kann sich an den kleinen Griffen und Leisten nicht mehr wirklich hochziehen, und ist darauf angewiesen, dass die Beinkraft einen weiter nach oben bringt. Will man effizient und kraftsparend klettern, muss man es vermeiden, das Körpergewicht mit den Armen hochzuziehen. Andernfalls wird man keine langen Routen im Fels ausdauernd klettern können, weil die Kraftreserven in den Armen schnell verbraucht sind. Gute Kletterer hängen möglichst immer „am langen Arm". Die Hauptarbeit übernehmen die Beine. Sie besitzen schließlich die größten Muskeln unseres Körpers und sind wesentlich ausdauernder, wenn es darum geht, eine Seillänge nach der anderen im Fels zu klettern.

Dennoch wird sich das Trainieren von Klimmzügen für Sie lohnen. Sobald Sie fortgeschrittene Routen klettern, werden die „Probleme", wie es im Jargon der Boulderer und Kletterer heißt, immer vielfältiger und sind manchmal nur durch eine ganz bestimmte Technik und oft nur mit viel Kraft zu lösen. Im Fels hat man häufig Alternativen, um ein Problem zu lösen. In der Halle hat aber jemand sparsam einige wenige Griffe an die Wand geschraubt und dabei eine ganz bestimmte Vorstellung vor Augen gehabt, wie der Kletterer die Route bewältigen soll. Spätestens wenn die Kletterwand nicht mehr senkrecht ist und es in einen Überhang oder gar an die Decke geht, ist man über jedes bisschen Kraft in den Armen dankbar. Diese Kraft trainiert ein Kletterer am besten durch Klimmzüge. Die beanspruchten Muskeln sind der Latissimus (breiter Rückenmuskel), der dreiteilige Deltamuskel (Schulter) und der Bizeps (zweiköpfiger Armbeuger).

Ausführung „Klimmzüge"

Sie greifen mit den Händen im Obergriff (der Handrücken zeigt zu Ihnen) etwas mehr als schulterbreit an eine waagerechte Stange und hängen mit minimal gebeugten Armen (nicht vollständig durchstrecken, um die Ellenbogengelenke zu schonen). Ziehen Sie die Schultern nach unten und pressen Sie die Schulterblätter zusammen. Die Ellenbogen bleiben hinten.

Ziehen Sie sich mit Hilfe der Rückenmuskeln nach oben, dass sich der obere Brustbereich der Stange nähert und bis das Kinn über die Stange reicht. Die Beine sind angewinkelt oder hängen locker nach unten.

Während der schnellen Aufwärtsbewegung atmen Sie aus. Atmen Sie während der langsamen Abwärtsbewegung ein.

Machen Sie zwei Durchgänge mit jeweils so vielen Wiederholungen, wie Sie schaffen. Zwischen jedem Durchgang machen Sie 60 Sekunden Pause.

Bitte beachten Sie:

- Die Griffweite ist optimal, wenn der Ellenbogen und Oberarm einen rechten Winkel bilden, sobald man sich zur Hälfte hochgezogen hat. Ein Spiegel oder ein Trainingspartner sind hier hilfreich.

- Greifen Sie besser enger als zu weit. Ein weiter Griff erzeugt weniger Dehnung im großen Rückenmuskel, und er verhindert den größtmöglichen Bewegungsspielraum, weil der Oberarm im Schulterbereich weniger Rotationsfreiheit hat.
- Lassen Sie sich kontrolliert und langsam wieder ab, um Verletzungen in der Schulter oder im Trizeps zu vermeiden.
- Holen Sie keinen Schwung mit dem Körper oder den Beinen.
- Die Schultern bleiben stets unten, weit weg von den Ohren. Die Schulterblätter werden zusammengepresst. Dadurch wird der Rückenmuskel besonders beansprucht.
- Führt man Klimmzüge im Untergriff aus, d. h. die Handflächen zeigen zu Ihnen, werden die Bizepse stärker beansprucht. Gewöhnlich schafft man bei dieser Variante mehr Wiederholungen als im Obergriff.
- Um die **Blockierkraft** zu trainieren, die beim Hangeln (z. B. am Campusboard) wichtig ist, können Sie die Aufwärts- bzw. Abwärtsbewegung auf halbem Weg stoppen und für wenige Sekunden durch Blockieren der Schultergelenke halten. Dabei werden die drei Hauptkraftarten der positiven, statischen und negativdynamischen Belastung kombiniert. Man nennt diese Übung dann „Frenchies“ oder „A-B-C-Klimmzüge“.

Übung 4: Liegestütze

Durch Klimmzüge haben Sie alle Oberkörpermuskeln trainiert, die beim Klettern relevant sind. Es ist allerdings wichtig, auch die Gegenspieler dieser Muskeln zu trainieren, um ein muskuläres Ungleichgewicht zu vermeiden. Der Gegenspieler zum breiten Rückenmuskel (Latissimus) ist der große Brustmuskel, der Gegenspieler zum Armbeuger (Bizeps) ist der Armstrecker (Trizeps). Brustmuskel und Trizeps trainieren Sie am besten mit Liegestützen.

Ausführung „Liegestütze"

Sie liegen in Bauchlage auf dem Boden, die Hände etwas mehr als schulterbreit auf Höhe der Schultern aufgestützt, die Füße nebeneinander aufgestellt.

Aus dieser Position stemmen Sie sich in einer gleichmäßigen Bewegung hoch, bis Ihre Arme nahezu gestreckt sind.

Kopf, Rumpf, Po und Beine bilden während der gesamten Bewegung eine Linie, indem Rücken- und Bauchmuskulatur angespannt bleiben.

Beugen Sie die Arme und lassen Sie den Körper langsam und kontrolliert wieder nach unten sinken, bis Ihre Nase beinahe den Boden berührt.

Während der Abwärtsbewegung wird eingeatmet, während der Aufwärtsbewegung wird ausgeatmet.

Machen Sie zwei Durchgänge mit jeweils so vielen Wiederholungen, wie Sie schaffen. Zwischen jedem Durchgang machen Sie 60 Sekunden Pause.

Liegestütze sind eine einfache, aber besonders effektive Übung, um die Muskeln der Schulterpartie sowie der Unter- und Oberarme (Trizeps und Bizeps) zu trainieren. Dieser absolute Klassiker unter den Fitnessübungen trainiert zudem die Brustmuskeln, den Rücken und sogar den Po.

Wenn Ihnen noch die nötige Kraft fehlt, um mindestens 15 Liegestütze in einem Durchgang zu schaffen, oder wenn Sie noch keine Erfahrungen mit Liegestützen haben, sollten Sie zunächst mit den einfacheren Varianten beginnen:

1. Liegestütze auf den Knien:

   Die leichteste Variante ist, die Liegestütze auf den Knien durchzuführen. Sie stützen sich dann nicht auf Händen und Füßen am Boden ab, sondern auf Ihren Händen und Knien. Die Kraft, die Sie für die Übung benötigen, ist dadurch stark reduziert.

2. Liegestütze gegen eine Wand:

   Stützen Sie dazu die Hände an eine Wand und stemmen Sie den Körper von der Wand ab. Dann lassen Sie sich wieder in Richtung Wand sinken. Auf diese Weise bekommen Sie, verglichen mit der Variante auf den Knien, ein besseres Gefühl für den Bewegungsablauf. Wie stark Ihre Muskeln beansprucht werden, können Sie steuern, indem Sie Ihre Füße immer weiter von der Wand entfernt aufstellen.

3. Liegestütze gegen eine Bank:

   Immer noch vereinfacht, aber schon deutlich schwerer als gegen eine Wand wird es, wenn Sie die Hände auf einer Bank abstützen.

Bitte achten Sie beim Ausführen der Liegestütze unbedingt darauf, nichts ins Hohlkreuz zu fallen, indem sich das Becken während der Bewegung absenkt oder sich über die Horizontale hinaus nach oben streckt. Dadurch werden die Muskulatur und die Bandscheiben gerade im Lendenwirbelbereich extrem belastet.

Ein weiterer typischer Fehler ist die falsche Haltung des Kopfes. Während der gesamten Auf- und Abwärtsbewegung muss die Nasenspitze stets in Richtung Boden weisen. Ziehen Sie den Nacken an, so dass Ihr Blick nach vorne gerichtet ist. Andernfalls besteht die Gefahr, dass Sie sich Zerrungen im oberen Rückenbereich zuziehen.

Wenn Sie die Belastung erhöhen wollen, können Sie ein Bein während der gesamten Ausführung anheben (siehe Bild oben).

Noch 50 Minuten!

Teil 4: Bein-Workout

Die Beine müssen beim Klettern mehr Arbeit verrichten, als man zunächst annehmen könnte. Das hatte ich im Kapitel „Teil 3: Oberkörper-Workout“ bereits angedeutet.

Die Beine sollten zielorientiert trainiert werden.

Für einen ambitionierten Kletterer ist es auf der einen Seite erstrebenswert, das eigene Körpergewicht möglichst gering zu halten. Deshalb sollte Ihr Beintraining nicht zu einer Vergrößerung des Muskelquerschnitts führen, wie es das Ziel eines jeden Kraftsportlers ist. Kraftzuwachs erreicht man natürlich am besten durch Aufbau von Muskelmasse. Kraftsportler trainieren dazu mit großen Gewichten und entsprechend wenigen Wiederholungen, um den ersehnten Wachstumsreiz auszulösen. Das Trainingsziel ist hierbei die Erhöhung der Maximalkraft. Für einen Kletterer sollte beim Beintraining das Ziel hingegen in der Erhöhung der Kraftausdauer liegen. Mehr Kraftausdauer erreichen Sie durch eine höhere Belastungszeit. Ich trainiere deshalb gern mit sehr vielen Wiederholungen bis hin zum Muskelversagen, auch wenn es viele Stimmen gibt, die davon abraten. Letztendlich habe ich bisher immer gute Erfahrungen damit gemacht.

Wenn Sie viel Fahrrad fahren oder sich regelmäßig Zeit für Ausdauerläufe nehmen, können Sie das Bein-Workout entsprechend reduzieren oder ganz auslassen. Wenn Sie jedoch Defizite in der Kraftausdauer Ihrer Beinmuskulatur sehen, empfehle ich Ihnen beide Übungen (Kniebeugen und Ausfallschritte) zu absolvieren.

Sie können sich auch für nur eine der beiden Übungen entscheiden. In diesem Fall empfehle ich dann aber mindestens drei Durchgänge zu machen.

Übung 5: Kniebeugen

Kniebeugen zählen im Kraftsport als die wichtigste Grundübung. Bei richtiger Durchführung können Kniebeugen auch ohne Gewichte sehr intensiv und fordernd sein.

Können Sie sich an eine Situation beim Bouldern erinnern, in welcher Sie mit einem Fuß auf Hüfthöhe hochtreten mussten um anschließend fast das ganze Körpergewicht mit einem Bein nach oben zu bewegen? Und hatten Sie sich dabei nicht mehr Kraft im Oberschenkel (genauer im Quadriceps, dem vierköpfigen Oberschenkelmuskel) gewünscht?

Es scheint zunächst naheliegend, für solche Situationen sogenannte einbeinige Kniebeugen zu trainieren, etwa auf einer Treppe oder mit Hilfe eines Stuhls oder eines Tisches. Aber ich empfehle Ihnen ausdrücklich diese Variante nicht zu praktizieren! Die seitliche Belastung auf das Kniegelenk und die hohe Verletzungsgefahr machen einbeinige Kniebeugen ungeeignet für ein regelmäßiges Training.

Ich beschreibe in diesem Buch die normalen Kniebeugen ohne Gewichte. Wenn Sie den Bewegungsablauf perfekt beherrschen und Zugang zu einer Hantelstange mit Gewichten haben – etwa in einem Fitnessstudio, können Sie natürlich auch mit Zusatzgewichten trainieren. Gewöhnlich benötigen Sie dann aber mehr Zeit, weil Sie die richtigen Gewichte zunächst auf die Hantelstange umstecken müssen.

Achten Sie bitte stets darauf, dass die Knie möglichst nicht über die Zehenspitzen nach vorn hinausragen. Ansonsten wird das Kniegelenk unnötig stark belastet. Sie erreichen eine optimale Haltung im Knie, indem Sie das Gewicht nicht auf den Vorderfuß verlagern, sondern beim Beugen immer auf die Ferse. Der Unterschenkel neigt sich dann nicht nach vorn, sondern bleibt senkrecht. Wenn Sie die Zehen bewegen können, machen Sie es richtig.

Ausführung „Kniebeugen“

Die Füße stehen hüftbreit auseinander und zeigen leicht nach außen (etwa 20 bis 30 Grad). Der Blick ist stets geradeaus gerichtet. Die Arme werden waagerecht nach vorn gestreckt, um besser Balance halten zu können. Die Knie werden nie vollständig durchgestreckt, um die Gelenke zu schonen. Der Rücken bildet ein leichtes Hohlkreuz, indem Sie den Po nach hinten drücken.

Beugen Sie die Beine mit Hilfe des Kniegelenkes, und senken Sie den Po auf einer geraden Linie nach unten, als würden Sie sich auf einen imaginären Stuhl setzen wollen.

Während der Abwärtsbewegung wird eingeatmet, bis die Oberschenkel parallel zum Boden ausgerichtet sind. Der Oberkörper kippt leicht nach vorne, der Rücken bleibt aber gerade. Das Gewicht wird auf die Fersen verlagert.

Drücken Sie nun den Körper wieder nach oben, indem Sie von den Fersen aus Druck aufbauen. Atmen Sie während der Aufwärtsbewegung aus.

Machen Sie zwei Durchgänge mit jeweils so vielen Wiederholungen, wie Sie schaffen. Zwischen jedem Durchgang machen Sie 60 Sekunden Pause.

Übung 6: Ausfallschritte

Ausfallschritte sind eine gute Ergänzung, aber auch vollwertige Alternative zu den Kniebeugen.

Diese Übung ist beim ersten Mal nicht einfach und benötigt wesentlich mehr Koordination bei der Ausführung als bei den Kniebeugen. Aber gerade deswegen dürfen Ausfallschritte in diesem Workout nicht fehlen.

Eine Möglichkeit, das Training noch weiter zu intensivieren ist, den Ausfallschritt nicht nach vorne, sondern nach hinten durchzuführen. Die Übung hat dann den Namen „rückwärtiger Ausfallschritt". Durch diese Bewegung wird Ihre Balance und Koordination mehr gefordert. Diese Variante sollten Sie erst ausführen, wenn Sie die normalen Ausfallschritte perfekt beherrschen.

Achten Sie auch bei dieser Übung darauf, die Knie zu schonen. Während der gesamten Übung dürfen Ober- und Unterschenkel keinen spitzen Winkel bilden. Das bedeutet, dass der Winkel nicht kleiner als 90 Grad werden darf. Ansonsten würde eine zu hohe Belastung auf das Kniegelenk wirken, die zu Verletzungen führen kann. Probieren Sie die richtige Schrittlänge aus, bevor Sie den nächsten Durchgang beginnen und markieren Sie diese mit Hilfe kleiner Gegenstände, die Sie auf den Boden legen. Nach einigen Übungseinheiten können Sie den Ausfallschritt in der richtigen Länge durchführen und brauchen keine Hilfsmittel mehr.

Achten Sie außerdem darauf, stets die Balance zu halten. Es kann schnell passieren, dass Sie den Ausfallschritt versehentlich nicht genau nach vorne durchführen und dadurch das Knie nach außen drücken. Aus dieser Fehlhaltung ergeben sich leicht Verletzungen.

Ausführung „Ausfallschritte“

Sie stehen aufrecht, die Füße hüftbreit auseinander. Der Blick ist stets geradeausgerichtet. Der Rücken bildet ein leichtes Hohlkreuz, indem Sie den Po nach hinten drücken

Nun machen Sie einen Schritt nach vorne. Hierbei atmen Sie ein.

Die Schrittlänge müssen Sie so wählen, dass Ober- und Unterschenkel einen Winkel von 90 Grad bilden, und dass Ihr vorderes Knie nicht über die Zehenspitzen hinausragt. Das hintere Knie berührt fast den Boden.

Beginnen Sie mit dem Ausatmen und drücken Sie sich durch die Beine wieder nach oben, bis die Ausgangsposition erreicht ist.

Wechseln Sie das Bein oder führen Sie die Bewegung mit dem gleichen Bein erneut aus.

Machen Sie zwei Durchgänge mit jeweils so vielen Wiederholungen, wie Sie schaffen. Zwischen jedem Durchgang machen Sie 60 Sekunden Pause.

Nach jeder Wiederholung können Sie den Ausfallschritt mit demselben Bein machen oder das Bein wechseln.

Die Variante mit den Wechseln beansprucht Ihren Gleichgewichtssinn und die Koordination etwas stärker.

Bei der Variante ohne Wechseln müssen Sie darauf achten, insgesamt eine gerade Anzahl von Durchgängen zu machen. Sonst würden Sie eine Seite stärker beanspruchen als die andere.

Noch 45 Minuten!

Teil 5: Core-Workout

Mit "Core" (englisch für Kern) ist der Körperkern bzw. die Körpermitte gemeint. Alle Einwirkungen, die auf die Gliedmaßen übertragen werden, werden über den Rumpf und somit über die Kernmuskulatur weitergeleitet. Man könnte ihn grob als den Bereich zwischen Schultern und Kniegelenk bezeichnen.

Die zur Core-Stabilität beitragenden Muskeln sind die geraden und schräg verlaufenden Bauchmuskeln, die Rücken-, Becken- Bein- und Hüftmuskeln. Beim Core-Training werden die tiefliegenden Muskeln, also die Bauch-, Rücken- und Beckenbodenmuskulatur, sowie die umliegenden Muskelstränge angesprochen. Es geht um das Ganzheitliche, alle Tiefen-Muskeln des Oberkörpers, vom Rücken bis zum Lendenbereich, werden hierbei berücksichtigt.

Mit dem Core-Training wird der gesamte Oberkörper trainiert, gestärkt und aktiviert. Zudem wird die Wirbelsäule gestärkt und Rückenproblemen vorgebeugt. Durch die Rumpf-Kräftigung verbessern sich die Körperhaltung und dadurch auch die Atmung und die Lage der Organe.

Kraft ist zwar die Voraussetzung, um Bewegungen auszuführen, aber erst die Stabilität im Core (Rumpf- und Tiefenmuskulatur) gibt Ihnen die Fähigkeit, die Bewegung zu kontrollieren.

Die Bewegung beginnt stets im Zentrum unseres Körpers. Genauer gesagt in den zentralen Muskeln des Rumpfes, den Kernmuskeln. Diese bilden den Stützpfeiler sowie das strukturelle Zentrum, von dem jede Bewegung ausgeht. Der Dreh- und Angelpunkt ist die Basis der Bewegung, denn sie entsteht, wenn der Rumpf, das Becken und die Schultern stabil sind.

Ein Krafttraining, das vor allem die Kernmuskulatur des Körpers stärkt, führt in der Konsequenz dazu, dass die Kraft effizient durch die Muskeln geleitet werden kann.

Mit den drei ausgewählten Plank-Variationen (Übung 7) trainieren Sie nicht nur die Kernmuskulatur, sondern auch Ihre Balance.

Das Core-Workout wird mit Crunches (Übung 8) abgeschlossen, um die Bauchmuskeln noch einmal isoliert zu beanspruchen.

Übung 7: Plank-Variationen

Während sich Facebook-Nutzer bereits vor vielen Jahren steif wie ein Brett machten, sich beim "Planken" vor absurden Hintergründen fotografieren ließen und hauptsächlich darum wetteiferten, wer das lustigste Foto postete, begann im Februar 2015 bei Facebook eine ganz andere Aktion mit ähnlichem Namen. Bei dieser Aktion stand die Stärkung der Gesamtmuskulatur im Vordergrund, deren Teilnehmer sollten fitter ins neue Jahr starten: Die „Plank Challenge" begann am 1. Februar 2015. Bei dieser 30-tätigen Fitnessübung, die ein Sportlehrer aus Österreich ins Leben gerufen hatte, kann jeder über Facebook teilnehmen. Von anfangs 20 Sekunden sollen sich die Teilnehmer bis zum Ende der Challenge auf 270 Sekunden verbessern. Die Übung besteht darin, sich auf seine Unterarme zu stützen, die Beine zu strecken, den Po anzuspannen und den Bauch einzuziehen. Dabei werden die Füße wie bei normalen Liegestützen auf den Boden gesetzt.

Das klingt einfach, ist es aber nicht. Millionen Plank-Anhänger haben bei dem virtuellen Trainingsevent teilgenommen – ob auch wirklich alle es schafften, bis zum Schluss durchzuhalten, ist natürlich eine andere Frage.

Auch ich habe damals Planken kennen gelernt und bin immer noch sehr von der Effizienz dieser Übung überzeugt. Die Übung sorgt für eine Ganzkörperstabilisation, insbesondere aber für die Stärkung der vorderen Rumpfmuskulatur. Vor allem der Bauch, die Brust- und Schultermuskulatur, aber auch der Rücken werden gefördert.

In diesem Workout werden drei Plank-Variationen beschrieben, die über die ursprüngliche Übung hinausgehen, indem sie Bewegungselemente enthalten und den Gleichgewichtssinn stärker herausfordern.

Ausführung „Plank 1 (Knie heben)"

Ausgangsposition ist ein Stütz auf allen vieren. Die Arme sind nahezu gestreckt. Beine, Hüfte, Rücken und Schultern bilden eine gerade Linie (kein Hohlkreuz). Der Blick ist nach unten gerichtet.

Heben Sie das rechte Bein an.

Führen Sie das Knie an den rechten Ellbogen. Dabei atmen Sie aus.

Strecken Sie das Bein wieder nach hinten, ohne den Boden zu berühren. Dabei atmen Sie ein.

Wechseln Sie nach fünf beugenden Bewegungen die Seite, indem Sie wieder in den Stütz gehen und das linke Bein anheben.

Machen Sie zwei Durchgänge mit jeweils so vielen Wiederholungen, wie Sie schaffen. Zwischen jedem Durchgang machen Sie 60 Sekunden Pause.

Ausführung „Plank 2 (Seitenlage)"
Gehen Sie in den Stütz auf allen vieren. (Anfänger dürfen Sich auf die Ellenbogen stützen.) Drehen Sie sich zur Seite, so dass ein Fuß längs auf dem Boden liegt. Der Körper bleibt gerade, der untere Arm befindet sich genau unter der Schuler und ist gestreckt. Strecken Sie nun den anderen Arm senkrecht nach oben. Strecken Sie das freie Bein nach oben bis auf Höhe der Schultern. Balancieren Sie nur mit Hilfe des Fußes am Boden.  Der ganze Körper ist angespannt. Halten Sie das Gleichgewicht und atmen Sie dabei langsam ein und aus.
Machen Sie für jede Seite zwei Durchgänge. Planken Sie solange wie möglich, aber maximal 60 Sekunden. Zwischen jedem Durchgang machen Sie 60 Sekunden Pause.

Wenn es Ihnen schwer fällt, das Gleichgewicht zu halten, können Sie die Übung vereinfachen, indem Sie das freie Bein nur ein wenig oder gar nicht anheben, legen Sie notfalls auch den freien Arm an den Körper.

Ausführung „Plank 3 (Koordination)"

Ausgangsposition ist ein lockerer Stütz auf allen vieren. (Anfänger dürfen sich auf die Knie stützen). Die Hüfte ist nicht tiefer als die Schultern, der Rücken bleibt gerade (kein Hohlkreuz).

Einen Arm und das gegenüberliegende Bein anheben und ausstrecken.

Hand und Knie vor dem Bauch langsam zusammenführen. Anschließend Arm und Bein wieder ausstrecken.

Atmen Sie beim Ausstrecken ein und beim Zusammenführen langsam aus.

Machen Sie für jede Seite einen Durchgang mit jeweils so vielen Wiederholungen, wie Sie schaffen. Zwischen jedem Durchgang machen Sie 60 Sekunden Pause.

Übung 8: Crunches

Crunches (auch Bauchpressen genannt, siehe Bild oben) sind meiner Meinung nach die bessere Alternative zu den bekannten Sit-Ups (siehe Bild unten), zumindest was das Training der Bauchmuskulatur betrifft.

Bei den Sit-Ups wird der Rumpf komplett angehoben, die Füße bleiben fixiert. Die Bewegung findet hierbei im Hüftgelenk statt. Führt man die Sit-Ups falsch aus, kann der Rücken erheblich strapaziert werden. Ich empfehle Ihnen deshalb, die wesentlich schonenderen und ungefährlicheren Crunches auszuführen. Schädigungen der Wirbelsäule werden hierbei vermieden, weil die Hüfte durch die angewinkelte Position der Beine eine optimale Position einnimmt. Dadurch, dass die Wirbelsäule sehr gerade bleibt, werden Bandscheiben und Wirbel im Lendenbereich wenig belastet.

Crunches sind nur dann besonders effektiv, wenn sie korrekt ausgeführt werden. Deshalb werde ich – vor der üblichen Kurzfassung – die Ausführung dieser Übung zunächst sehr detailliert beschreiben:

Crunches beginnen in der gleichen Haltung wie bei Sit-ups, also auf dem Rücken liegend, Beine angewinkelt, um ein Hohlkreuz zu vermeiden. Dabei sollte der Winkel zwischen Bein und Rumpf 90 Grad betragen. Die Knie sollten ebenfalls um 90 Grad angewinkelt sein. Sie können in dieser Position die Füße über dem Boden halten oder auf eine Bank legen. Befinden sich die Beine in dieser Haltung, wird der Hüftbeuger in seiner Arbeit weitgehend blockiert, um eine Unterstützung dieses Muskels zu vermeiden.

Man sieht immer wieder Sportler, die ihre Füße auf den Boden stellen, wobei die Knie einen Winkel von 90 Grad oder mehr bilden, und zwischen Rumpf und Bein somit ein noch größerer Winkel entsteht. Das ist für den unteren Rücken zwar nicht optimal, aber auch nicht schädlich.

Für eine optimale Haltung im Oberkörper werden die Hände mit den Fingerspitzen hinter den Ohren an den Kopf gelegt, ohne diesen zu stützen. Dabei werden die Arme automatisch angewinkelt. Die nun angewinkelten Arme sollten so weit wie möglich nach außen gehalten werden. Diese Haltung der Arme und Beine ermöglicht es, die Belastung ausschließlich auf die Bauchmuskulatur zu konzentrieren. Vorausgesetzt wird natürlich eine korrekte Ausführung.

Nun zieht man mit Hilfe der Bauchmuskulatur den oberen Rücken ein Stück nach vorne oben. Bei dieser Bewegung wird der Kopf möglichst in einer neutralen Position (Halswirbelsäule nicht gekrümmt) gehalten. Um zu gewährleisten, dass der untere Rücken am Boden bleibt, müssen die Beine konstant ihre angewinkelte Position beibehalten, ohne sich zu verschieben. Dabei kann die Bauchmuskulatur unterstützend wirken, indem versucht wird, sie beim Zusammenziehen leicht einzuziehen.

Sobald man nun den weitesten Abstand zwischen Boden und dem oberen Rücken erreicht hat, wird die Bewegung rückwirkend ausgeführt. Hierbei ist es besonders wichtig, darauf zu achten, dass beim leichten Ablegen des oberen Rückens die Bauchmuskulatur nicht gänzlich erschlafft, sondern unter Spannung bleibt und vor allem, dass der untere Rücken nicht in eine Hohlkreuzposition verfällt.

Bei Ausführung der Übung ist unbedingt auf die Atmung zu achten. Beim Anheben des oberen Rückens wird ausgeatmet, um die höchste Anspannung der Bauchmuskulatur zu erreichen. Beim Einatmen drückt das Zwerchfell nach unten und presst demzufolge die im Bauch liegenden inneren Organe zusammen. Diese wiederum drücken gegen die Bauchmuskulatur, eine optimale Kontraktion der Bauchmuskulatur wäre nicht möglich. Deshalb sollte das Einatmen erst in der „Entspannungsphase", also während des Ablegens des oberen Rückens, stattfinden.

Ausführung „Crunches"

Sie liegen auf dem Rücken. Die Beine sind 90 Grad angewinkelt. Die Hände sind hinter dem Kopf, aber ohne diesen zu stützen.

Ziehen Sie die Bauchmuskeln zusammen, so dass die Schultern angehoben werden. Der Rücken wird rund, aber der Lendenbereich bleibt während der gesamten Übung am Boden!

Entspannen Sie die Bauchmuskeln wieder, so dass sich die Schultern wieder auf den Boden absenken.

Atmen Sie während des Aufrichtens aus und während des Absenkens ein.

Machen Sie zwei Durchgänge mit jeweils so vielen Wiederholungen, wie Sie schaffen. Zwischen jedem Durchgang machen Sie 60 Sekunden Pause.

Teil 6: Fingerkraft

Aus Erfahrung wissen wir, dass beim Bouldern die Maximalkraft der Finger von herausragender Bedeutung ist. Für eine kurze Zeit lastet ein Großteil Ihres Körpergewichtes auf wenigen Fingern. Diese Belastung ist enorm und kann ausschlaggebend sein, ob man ein Boulderproblem erfolgreich lösen kann oder nicht.

Beim regelmäßigen Bouldern und Klettern trainieren Sie Ihre Fingerkraft bereits in einem erheblichen Maße. Die beiden folgenden Übungen zur Stärkung der Fingerkraft sollten Sie auslassen, wenn Sie noch nicht länger als zwei Jahre bouldern. Es könnte durchaus sein, dass Ihre Fingersehnen, -kapseln und -gelenke noch nicht stark genug sind, um die Übungen an Leisten und am Griffbrett verletzungsfrei auszuführen. Diese Übungen sind erst sinnvoll, wenn eines der größten Defizite, die Sie beim Bouldern haben, Ihre Fingerkraft ist. Sie müssen davon sehr überzeugt sein, dass Sie durch Bouldern allein Ihre Fingerkraft nicht weiter steigern können. Erst dann ist es für Sie sinnvoll, sich an Leisten, an ein Campusboard oder an ein Griffbrett zu wagen. Denken Sie aber bitte stets daran, dass übermäßiges Training schnell zu Verletzungen und zum bereits erwähnten Übertraining führen kann.

Bevor Sie mit den Übungen beginnen, empfehle ich Ihnen die Finger erneut aufzuwärmen, indem Sie das Greifen aus Übung 1 wiederholen oder einen Schaumstoffball kneten. Auch ein leichtes Dehnen der Finger kann nicht schaden, solange keine extremen Endpositionen dabei eingenommen werden.

Im Kastentext auf der nächsten Seite erkläre ich Ihnen, warum Sie auf Ihre Finger besonders gut aufpassen müssen. Erst nachdem ich mich mit der Anatomie der Bänder und Sehnen beschäftigt hatte, bekam ich den notwendigen Respekt, der mich bisher vor ernsteren Verletzungen bewahrt hat. Dieses Wissen möchte ich Ihnen nicht vorenthalten.

Warnung vor aufgestellten Fingern!

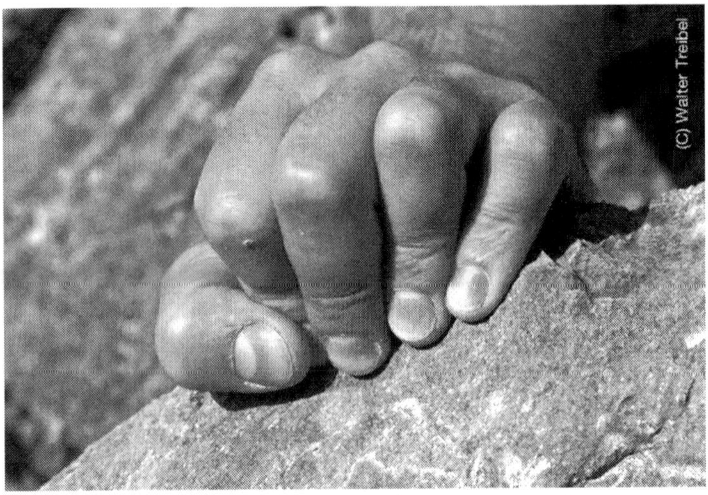

Beim Klettern mit aufgestellten Fingern an sehr kleinen Griffen besteht eine besonders hohe Verletzungsgefahr, weil es hier durch die Überstreckung der Fingergelenke zu sehr starken Belastungen der Ringbänder kommt.

Kommt es zu Sehnen- oder Bändereinrissen der Finger, hört man oft ein lautes Schnalzen oder Krachen. Als Folge treten druckschmerzhafte Schwellungen und Blutergüsse im Fingerglied oder Bewegungseinschränkungen im Fingermittelgelenk auf.

Ebenso ist aber auch eine schleichende Ringbandüberlastung möglich. In ihrem Anfangsstadium wird sie meist unterschätzt und demzufolge oft verschleppt. Die für das Klettern sehr wichtigen Ringbänder fixieren die Beugesehnen am Fingerknochen und verhindern, dass sich Sehnen bei Beugebelastung wie bei einem gespannten Bogen abheben.

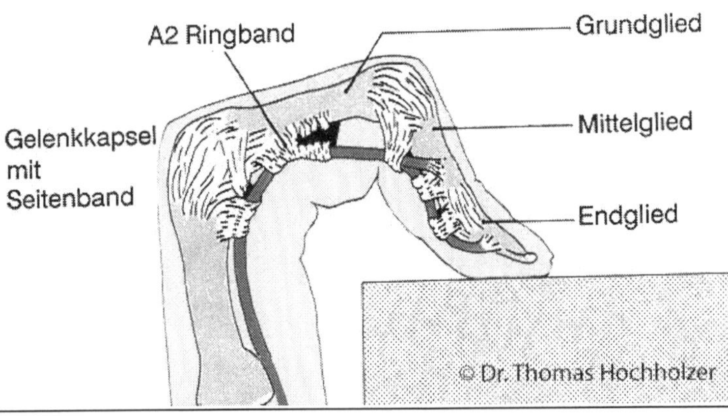

Mein gut gemeinter Rat an Sie lautet deshalb: Stellen Sie die Finger nie oder höchstens sehr selten auf! Weder beim Klettertraining, noch bei den folgenden beiden Übungen sollten Sie das tun.

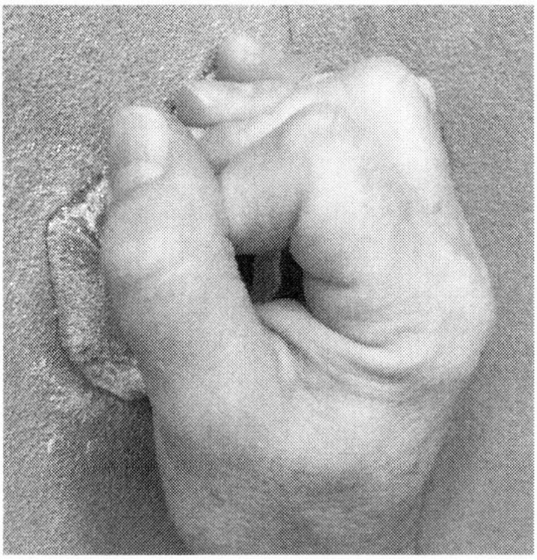

aufgestellte Finger

Selbst erfahrene Kletterer nutzen diese verletzungsgefährdende, teilweise schmerzhafte Technik nur in Ausnahmesituationen, etwa bei extrem kleinen Simsen, auf denen gerade mal die Fingerspitzen Platz finden und man ohne Aufstellen keinen Halt finden würde.

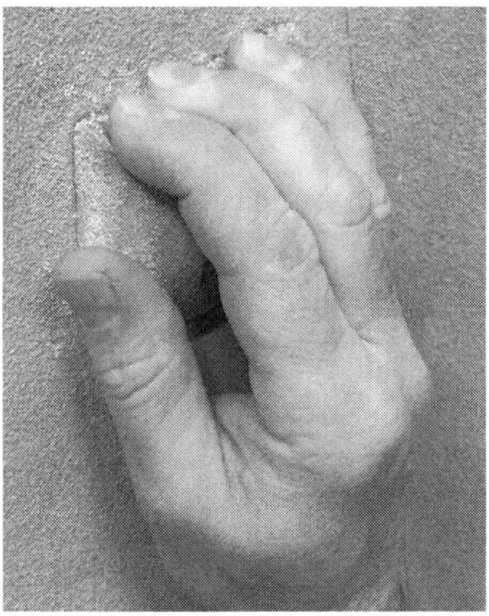

hängende Finger

Schonender für die Finger ist es, das erste und wenn möglich zweite Fingerglied aufzulegen und die Finger gestreckt „hängen“ zu lassen. Allerdings wird dabei nicht so viel Reibung wie bei aufgestellten Fingern erreicht.

Übung 9: Leistenhängen

Sie werden vielleicht ein Campusboard benutzen, aber aus gutem Grund nicht daran hangeln. Ich bin der Meinung, dass ein Campusboard nur etwas für sehr fortgeschrittene Kletterer ist.

Für die beschriebene Übung brauchen Sie eigentlich nur eine einzige Leiste. In einer Kletterhalle gibt es fast immer ein Campusboard, an dem eher selten jemand trainiert. Und eine der unteren Leisten des Campusboards sollen Sie benutzen. (Lesen Sie folgenden Kastentext, um zu erfahren, was ein Campusboard eigentlich ist, und wie fortgeschrittene Kletterer es zum Training verwenden.

Wolfgang Güllich (1960-1992) entwickelte um das Jahr 1988 zusammen mit seinem Kletterfreund Kurt Albert dieses systematische Trainingsgerät: Kleine Holzleisten, verschraubt an einer 15 bis 20 Grad überhängenden Holzplatte, die an einer Decke bzw. Wand befestigt wird. Dieses Klettertraining revolutionierte die damals üblichen Trainingsmethoden.

Er hängte es in seinem Sportstudio namens Campus auf - daher der Name **Campusboard** - trainierte daran spezifisch und kletterte schließlich als erster Mensch mit „Action Directe“ die erste Route mit Schwierigkeitsstufe 9a. Dass Güllich und Albert damals starke Finger und Gelenke von unzähligen Routen im neunten und zehnten Grad vorweisen konnten, braucht hier nicht erwähnt zu werden. Dennoch ist dieser Punkt immanent wichtig. Denn Training am Campusboard ist grundsätzlich erst ab einem gewissen Kletterkönnen sinnvoll, einerseits vom Trainingsnutzen und andererseits vom Gesundheitsaspekt her. Für Kletterer, die bis zum achten Grad unterwegs sind, sind andere Trainingsaspekte sinnvoller als das Training am Campusboard. Ihnen seien Kräftigungsübungen der Rumpfmuskulatur, Körperspannungs- und Maximalkraftübungen sowie Training am Griff empfohlen.

Ab dem achten Grad wird es langsam interessant, da die Finger bereits an die Belastung von kleineren Griffen und einhergehend höheren Belastungen gewohnt sind. Bei vielen Touren ist es unbedingt erforderlich, „blockieren" zu können, um eine schwierige Stelle einfacher überwinden zu können. Dafür hat das Campustraining dann einen großen Nutzen.

Die Handhaltung sollte circa schulterbreit sein. Manche Übungen werden zweimal gemacht, wobei jeweils mit der anderen Hand begonnen wird. So gleichen Sie die unterschiedlichen Belastungen aus und jede Seite wird gleichermaßen beansprucht.

Achtung: Als Einsteiger benutzt man nur die größte (meistens auch beste) Leiste am Campusboard. Zu Beginn Ihres Trainings am Campusboard hangeln Sie zunächst am sinnvollsten nur nach oben und springen mit den bereits vorher aufgewärmten Beinen wieder ab.

Wichtig: Stabilität in der Schulter. Sobald Sie merken, dass Sie in der Schulter hängen und die Bewegungen nicht mehr ausreichend kontrollieren können, müssen Sie die Übung beenden.

Die einfachste Übung ist das Hangeln: Die rechte Hand greift an die nächst höhere Leiste, die linke Hand greift hinterher. Sie ziehen sich mit beiden Händen etwas hoch, blockieren in der linken Schulter und greifen erneut mit der rechten Hand hoch an die nächste Leiste. Usw.

Als erste Steigerung können Sie eine oder zwei Leisten beim Hochgreifen überspringen. Eine sehr fortgeschrittene Übung ist in diesem Zusammenhang der sogenannte „Doppeldynamo", bei dem Sie mit beiden Händen gleichzeitig nach oben greifen. Usw.

Bedenken Sie immer, dass beim Training am Campusboard die Beanspruchung insbesondere der Fingergelenke (hoher Druck auf den Gelenkknorpel) und der Ringbänder sehr hoch ist!

Achtung: Das Hangeln am Campusboard darf nicht am Ende der Trainingseinheit stattfinden! Ihre Muskulatur ist ermüdet, die Verletzungsgefahr durch koordinative Bewegungsfehler können Sie nicht mehr kontrollieren!

Wenn Sie zu Hause trainieren, brauchen Sie lediglich eine Kommode, einen Schrank oder etwas Ähnliches, das oben eine Kante hat. Für wenig Geld können Sie auch eine originale Campusboard-Leiste kaufen. Diese müssen Sie nur noch an eine Holzwand schrauben oder an eine Steinwand dübeln. Diese Leiste hat den Vorteil, dass die Oberseite nicht flach ist, sondern ein wenig nach hinten abfällt. Außerdem können Sie sich an einer Leiste besser halten, da die Daumen auf die Unterseite gesetzt werden und einen Gegendruck zu den Fingern ausüben.

Ausführung „Leistenhängen"

Greifen Sie an eine Leiste, so dass möglichst die ersten beiden Fingerglieder oben aufliegen. Der Daumen greift unter die Leiste (einfacher) oder liegt neben der Hand.

Hängen Sie sich für 10 Sekunden an die Leiste, indem Sie stehen bleiben und sich nach hinten lehnen. Um es schwerer zu machen, heben Sie die Füße an, so dass Sie senkrecht herunterhängen.

Die Schultergelenke sind blockiert und die Arme leicht angewinkelt.

Machen Sie bis zu zehn Durchgänge. In jedem Durchgang hängen Sie 10 Sekunden an der Leiste. Zwischen jedem Durchgang machen Sie 20 Sekunden Pause.

Sie können die Übung hinsichtlich des Schwierigkeitsgrades beliebig variieren:

1. Die leichte Variante besteht darin, dass Sie an eine Leiste in Augenhöhe greifen. Die Füße stehen möglichst dicht an der Wand unter der Leiste. Je weiter Sie von der Wand entfernt stehen, desto leichter wird die Übung. Strecken Sie die Arme, so dass Sie sich nach hinten lehnen müssen. Der Körper bleibt angespannt vom Fuß bis zu den Schultern auf einer Linie. Lehnen Sie sich zurück, bis die Arme nahezu gestreckt sind. Halten Sie sich für 10 Sekunden an der Leiste fest, bzw. bis Sie sich fast nicht mehr halten können und ziehen Sie sich wieder zurück in die Ausgangsposition.

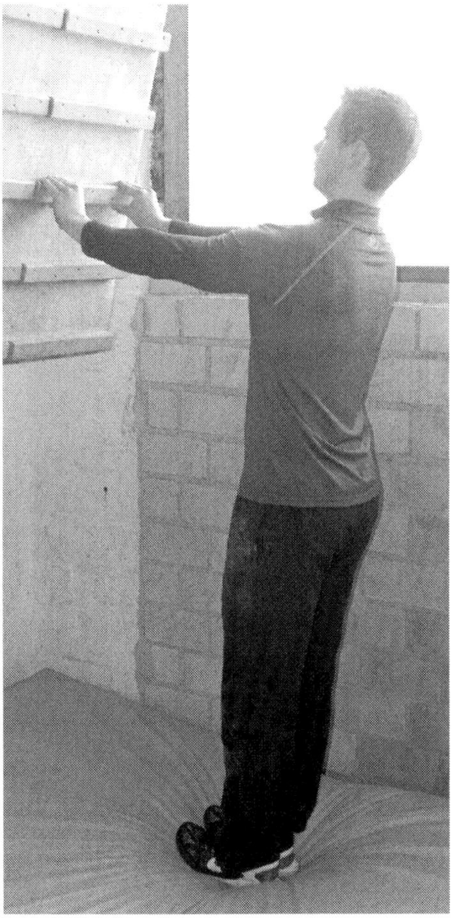

2. Die mittelschwere Variante besteht darin, dass Sie sich mit nahezu gestreckten Armen an eine Leiste hängen. Die Arme bleiben leicht angewinkelt. Heben Sie die Füße etwas an, so dass Sie 10 Sekunden an der Leiste hängen bleiben können. Wenn Sie es schaffen, heben Sie die Füße sogar ganz vom Boden ab. Nach 10 Sekunden stellen Sie sich wieder auf die Füße.

3. Die schwere Variante besteht darin, dass Sie eine Leiste in Augenhöhe greifen, die Hände mehr als schulterbreit auseinander. Drücken Sie die Schulterblätter zusammen, als wollten Sie Klimmzüge machen. Beugen Sie nun die Arme, um sich etwas nach oben zu ziehen. Heben Sie die Füße an. Bleiben Sie 10 Sekunden mit blockierten Schultergelenken hängen. Lassen Sie sich danach langsam wieder auf den Boden sinken.

Machen Sie jeweils eine Pause von 20 Sekunden. Lockern Sie in dieser Zeit die Arme, bewegen Sie Finger und Hände, damit sich die Gelenkflüssigkeit wieder ausdehnt und Blut in die Muskeln fließen kann.

Sie können die Zeit für einen Durchgang oder die Dauer der Pausen beliebig verlängern. Ich finde es aber praktischer, wenn Durchgang und Pause zusammen genau 30 Sekunden dauern. Dann brauchen Sie nur den Sekundenzeiger einer Wanduhr zu beobachten. (Wenn keine Wanduhr vorhanden ist, stellen Sie eine kleine Uhr mit Sekundenzeiger auf eine Leiste in Sichtweite). Sie beginnen jeden Durchgang, sobald dieser entweder nach oben oder unten zeigt, auch wenn ein Durchgang einige Sekunden länger oder kürzer gedauert hat.

Bitte denken Sie bei jedem Workout daran, dass im Anschluss eine weitere, deutlich anspruchsvollere Übung für die Fingerkraft folgt. Deshalb sollten Sie bei dieser ersten Übung nicht übertreiben!

Noch 35 Minuten!

Übung 10: Griffbrett

Für die nächste Übung wird ein Griffbrett benötigt. Auch dieses gibt es inzwischen in jeder Kletterhalle, oftmals in verschiedenen Ausführungen. Das Griffbrett wird auch Trainingsboard, Fingerbrett oder Hangboard genannt.

Sollten Sie bisher noch nicht die notwendige Klettererfahrung haben oder weniger als ein Jahr klettern, können Sie am Griffbrett trainieren. Sie können die Ausführung dieser Übung dadurch erleichtern, dass Sie auf den Zehenspitzen stehen bleiben anstatt die Füße vollständig anzuheben. Dieser Trick verschafft Ihnen die Möglichkeit, die Kraft, mit der Sie am Griffbrett hängen, beliebig zu variieren.

Eine weitere Möglichkeit die Übung zu erleichtern besteht darin, dass Sie mit einer Hand den größten Griff halten (meistens befindet sich dieser in der Mitte), während die Finger der anderen Hand die Übung ausführen. Natürlich müssen Sie dann darauf achten, beide Seiten gleichmäßig zu trainieren.

Die meisten Trainingsboards haben unterschiedlich große Griffe. Idealerweise beginnen Sie mit den größten Griffen und wählen immer kleinere Griffe, um den Krafteinsatz zu steigern. Wenn Sie erschöpft sind, kehren Sie unbedingt zu den großen Griffen zurück.

Machen Sie keine Klimmzüge am Griffbrett! Hierbei riskieren Sie Gelenkprobleme. Die Belastungen können sehr hoch werden.

Bitte beachten Sie unbedingt: Sie nähern sich immer mehr der Verletzungsgrenze, je kleiner die Griffe werden. Die Übungen sollten daher immer im statischen Zustand ausgeführt werden, insbesondere bei extrem kleinen Griffen.

Alle Gelenke müssen stets leicht angewinkelt sein. Kein Gelenk darf „aushängen“, also ohne Muskelunterstützung belastet werden. Die Ellenbogen bleiben leicht gebeugt und dürfen niemals vollständig gestreckt werden. Ziehen Sie auch die Schulterblätter zusammen, um die Schultergelenke zu schützen.

Das Training am Griffbrett bedarf einer besonders ausgeprägten Disziplin. Erstellen Sie sich daher zunächst einen einfachen Plan, nach dem Sie trainieren werden. Halten Sie Pausen unbedingt ein, damit sich die Fingergelenke zwischen den Durchgängen erholen können, und damit die Knorpel der Fingergelenke wieder mit Gelenkflüssigkeit versorgt werden.

Wenn sich bei zukünftigen Workouts keine Beschwerden einstellen, können Sie die Anzahl der Durchgänge und die Dauer eines Durchgangs langsam steigern.

Denken Sie immer daran: Übertreiben Sie nicht am Griffbrett. Es könnte darauf hinauslaufen, dass Sie eine längere Verletzungspause einlegen müssen. Achten Sie auf die Signale des Körpers! Brechen Sie bei ziehenden oder scharfen Schmerzen das Training sofort ab. Der Schlüssel zum Erfolg liegt – hier ganz besonders – in der maßvollen Steigerung.

Ausführung „Griffbrett“

Wählen Sie zwei zugehörige Griffe aus und platzieren Sie die Finger hinein. (Beginnen Sie mit den größten Griffen, bevor Sie die schwierigen Griffe nehmen und kommen Sie am Ende wieder zu den leichten Griffen zurück.)

Die Schultergelenke sind blockiert, die Arme bleiben beliebig angewinkelt, aber nicht gestreckt.

Heben Sie die Füße an. Hängen Sie 10 Sekunden. Stellen Sie die Füße wieder auf den Boden und lösen Sie den Griff.

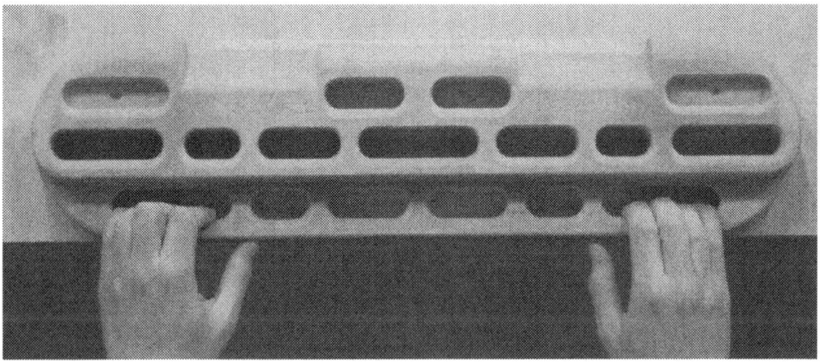

Wählen Sie einen anderen Griff: Versuchen Sie auch mal einen Sloper, und wenn Sie es schaffen, einen Zweifinger-Griff (wechseln Sie im nächsten Durchgang die Fingerpaare, von Zeigerfinger/Mittelfinger zu Mittelfinger/Ringfinger).

Machen Sie bis zu zehn Durchgänge. In jedem Durchgang hängen Sie 10 Sekunden am Griffbrett. Zwischen jedem Durchgang machen Sie 20 Sekunden Pause.

Beachten Sie auch bei dieser Übung meinen Tipp, den Sekundenzeiger einer Uhr zu beobachten, den ich beim Leistenhängen bereits beschrieben hatte (siehe Seite 54).

Manche Griffbretter haben Sloper-Griffe. Diese sind abschüssig und bedürfen hoher Reibung. Nehmen Sie eventuell die Daumen zu Hilfe, indem diese in einen darunterliegenden Griff platziert werden.

Weil Sie die Arme leicht anwinkeln, blockieren Sie automatisch das Schultergelenk. Dadurch trainieren Sie die entsprechenden Muskeln, die Blockierkraft wird vergrößert. Sie ist eine entscheidende Voraussetzung dafür, dass Sie irgendwann am Campusboard hangeln können.

Nach einem Workout mit Fingertraining sollten Sie am folgenden Tag nicht klettern. Die Finger brauchen danach mindestens 48 Stunden Zeit und Ruhe zur Regeneration. Andernfalls wäre das Training auf die Dauer eher schädlich als förderlich.

Noch 30 Minuten!

Teil 7: Beweglichkeit

Nicht selten liegt es daran, dass einem die nötige Beweglichkeit fehlt, um eine Route klettern zu können, und weniger daran, dass zu wenig Kraft vorhanden ist. Gerade im Bereich von Hüfte und Schultern bedarf es oft einer gut ausgeprägten Beweglichkeit. Wenn Sie Ihre Beweglichkeit nicht regelmäßig trainieren, bekommen Sie beim Klettern diesen Mangel sehr bald zu spüren: Manchmal können Sie den Fuß nicht hoch genug heben, oder Sie bekommen das Becken nicht weit genug über das Standbein geschoben. Ein hohes Maß an Beweglichkeit spart Kraft und ermöglicht erst einen effizienten und eleganten Kletterstil.

Aus diesem Grund ist der letzte Teil dieses Workouts, der sich aus einigen funktionalen Yoga-Übungen und kletterspezifischen Dehn-Übungen zusammensetzt, nicht nur ein Abwärmen, sondern eine äußerst wichtige Komponente in Ihrem regelmäßigen Training.

Das Dehnen (Stretching) dient dazu, eine überhöhte Spannung im Muskel zu vermeiden und dadurch die muskuläre Dehnfähigkeit zu erhalten.

Ich war noch sehr unbeweglich, als ich mit Bouldern und Klettern anfing. Das lag in erster Linie daran, dass ich in der Vergangenheit Dehnübungen nach dem Sport aus Bequemlichkeit häufig ausließ. Als ich zudem noch intensives Krafttraining gemacht hatte, haben sich die Muskeln durch ihre einhergehende Querschnittsvergrößerung immer weiter verkürzt, so dass ich schließlich nicht einmal mehr meine Zehenspitzen bei gestreckten Beinen erreichen konnte. Das sind wiederum schlechte Voraussetzungen zum Klettern. Also suchte ich Wege, die Dehnbarkeit meiner Muskeln zu verbessern, um wieder eine ausreichende Beweglichkeit zu erlangen. Regelmäßige Dehnübungen waren der erste Schritt in die richtige Richtung. Als ich später Yoga kennen lernte und das Training in diesem Sinne erweiterte, hat sich meine Beweglichkeit fortlaufend deutlich verbessert. Es bedarf allerdings viel Geduld und es ist nicht zu erwarten, dass sich die Situation schlagartig verbessert. Derartige Prozesse dauern Monate bis Jahre, selbst wenn die Übungen immer und immer wieder absolviert werden.

Ich verspreche Ihnen, dass es sich für Sie und Ihre Beweglichkeit spürbar lohnen wird, wenn Sie diesen Teil des Workouts konzentriert und vor allem regelmäßig absolvieren.

Übung 11: Yoga

Klettern ist wohl deshalb so faszinierend, weil man dabei konzentriert ist auf das Hier-und-Jetzt, auf die Route, die Griffe und Tritte und die Bewegungen. Man spürt sich, seine Muskeln und seine Kraft.

Yoga fördert genau diesen Aspekt. Es geht darum, durch Übungen die Konzentration zu schulen und so Ruhe und Ausgeglichenheit zu finden. Gleichzeitig werden Koordination und Kraft verbessert. Dafür nimmt man verschiedene Körperpositionen ein, hält sie mehr oder weniger lange und verbindet sie durch fließende Bewegungen. Wie beim Klettern lautet das Motto: „Fest und locker zugleich". Auch wenn eine Übung die volle Kraft fordert, so muss es unbedingt Ihr Ziel sein, sich ruhig und gleichmäßig zu bewegen. Dabei spielt die Atmung eine große Rolle. Je besser es gelingt, ruhig und gleichmäßig zu atmen, desto eher werden auch die Bewegungen ruhig und gleichmäßig sein.

Schon 1500 Jahre vor Christus wurde Yoga auf dem Indischen Subkontinent praktiziert.

Der Begriff „Yoga" stammt aus der alten indischen Sprache Sanskrit und bedeutet „zusammenführen". Yoga will Atem, Körper und Geist zusammenführen und in eine Richtung lenken. Ziel der Yoga-Praxis ist Gesundheit und Wohlbefinden.

Die Körperübungen (Asanas) machen nur einen Teil der gesamten Praxis aus. Daneben gibt es Atemübungen (Pranayama) und Geistesübungen (Dharana, Meditation).

In diesem Workout lernen Sie fünf Übungen kennen, die meiner Meinung nach schnell erlernt werden können, die überdies sehr effektiv sind, um die Muskulatur zu dehnen und die Beweglichkeit zu fördern. Wenn Ihnen diese Yoga-Übungen Spaß gemacht haben, kann ich Ihnen empfehlen, einmal einen Yoga-Kurs zu buchen. Sie werden überrascht sein, welche positiven Auswirkungen auf Kraft und Konzentration Yoga haben kann.

Ausführung „Yoga 1 (Vorwärtsbeuge)“

Strecken Sie aus dem geraden Stand die Arme nach oben, die Knie sind zunächst leicht gebeugt. Beugen Sie sich in den Hüftgelenken nach vorne und senken Sie den Kopf langsam zu den Zehen.

Wenn möglich, berühren Sie mit den Handflächen den Boden. Sie spüren eine Dehnung in der hinteren Beinmuskulatur, der Gesäßmuskulatur sowie in den Lendenmuskeln.

Bei jedem Ausatmen lassen Sie den Oberkörper weiter nach unten sinken. Richten Sie sich nach 10 Atemzügen langsam wieder auf.

Machen Sie drei Durchgänge, jeweils 10 Atemzüge. Zwischen jedem Durchgang machen Sie 20 Sekunden Pause.

Alle folgenden Yoga-Übungen beginnen im „**Vierfüßlerstand**".

Vierfüßlerstand

Ausführung „Yoga 2 (geöffneter Ausfallschritt)“
Ausgehend vom Vierfüßlerstand (s. o.) setzen Sie das linke Bein neben Ihre Hände. Das rechte Bein bleibt hinten und wird dabei gestreckt. Die Zehen sind aufgestellt.  Beim nächsten Einatmen strecken Sie den linken Arm nach oben, während Sie sich mit der rechten Hand am Boden abstützen. Der Blick ist nach oben zur linken Hand gerichtet. Das linke Knie bleibt genau über dem Fußgelenk.  Sie spüren die Dehnung hauptsächlich in der Brustmuskulatur. Bewegen Sie sich nach 10 Atemzügen zurück in den Vierfüßlerstand und wechseln Sie die Seite.
Halten Sie jede Seite für 10 Atemzüge. Machen Sie zwei Durchgänge. Zwischen jedem Durchgang machen Sie 20 Sekunden Pause.

Ausführung „Yoga 3 (gedrehter Ausfallschritt)"

Ausgehend vom Vierfüßlerstand setzen Sie das rechte Bein neben Ihre Hände. Stellen Sie den linken Fuß auf, belasten Sie beide Füße gleichmäßig.

Stützen Sie die Hände auf den rechten Oberschenkel und richten Sie den Oberkörper auf. Das hintere Knie hat kaum Bodenkontakt.

Drücken Sie die Handflächen aneinander und drehen Sie den Oberkörper nach rechts. Der linke Ellenbogen drückt gegen den rechten Oberschenkel (als Hebel für eine stärkere Drehung).

Sie spüren die Dehnung hauptsächlich in der Rumpfmuskulatur. Bewegen Sie sich nach 10 Atemzügen zurück in den Vierfüßlerstand und wechseln Sie die Seite.

Halten Sie jede Seite für 10 Atemzüge. Machen Sie zwei Durchgänge. Zwischen jedem Durchgang machen Sie 20 Sekunden Pause.

Ausführung „Yoga 4 (liegende Taube)"
Ausgehend vom Vierfüßlerstand bewegen Sie das linke Knie zu Ihren Händen (je stärker das Knie angewinkelt ist, desto leichter ist die Übung). Das rechte Bein bewegt sich nach hinten, bis es gestreckt ist.  Mit dem nächsten Ausatmen bewegen Sie den Oberkörper nach unten. Die Handflächen und Unterarme liegen auf dem Boden und werden gleichmäßig belastet. 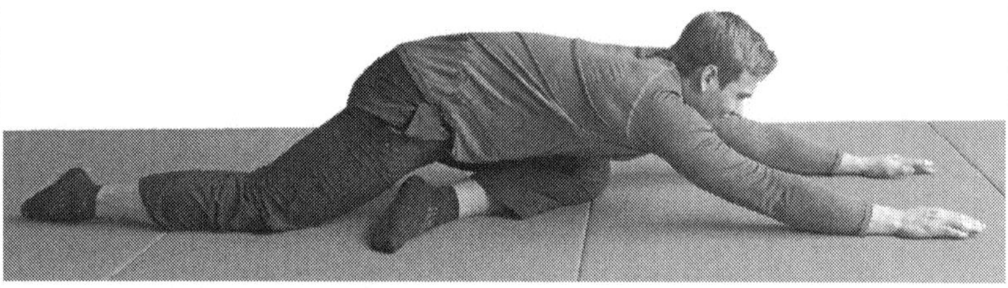 Sie spüren die Dehnung in der Gesäßmuskulatur und in der Außenseite des Oberschenkels. Bewegen Sie sich nach 10 Atemzügen zurück in den Vierfüßlerstand und wechseln Sie die Seite.
Halten Sie jede Seite für 10 Atemzüge. Machen Sie zwei Durchgänge. Zwischen jedem Durchgang machen Sie 20 Sekunden Pause.

Ausführung „Yoga 5 (Vorwärtsbeuge mit aufgestelltem Bein)"
Ausgehend vom Vierfüßlerstand setzen Sie das linke Bein neben Ihre Hände. Das rechte Bein bleibt hinten und wird dabei gestreckt. Die Zehen sind aufgestellt.  Mit jedem Ausatmen senken Sie den Oberkörper weiter nach unten.  Sie spüren die Dehnung in der Hüftmuskulatur und der Innenseite des Oberschenkels. Bewegen Sie sich nach 10 Atemzügen zurück in den Vierfüßlerstand und wechseln Sie die Seite.
Halten Sie jede Seite für 10 Atemzüge. Machen Sie zwei Durchgänge. Zwischen jedem Durchgang machen Sie 20 Sekunden Pause.

Übung 12: Dehnen

Zur Verbesserung und Erhaltung der Mobilität aller Muskeln ist regelmäßiges Dehnen als Bestandteil des Klettertrainings notwendig. Adäquates Dehnen optimiert die Leistungsfähigkeit der Muskeln, verbessert die Beweglichkeit, beugt Muskelkater vor und verringert das Verletzungsrisiko beim Klettern.

Ein wenig anatomisches Hintergrundwissen ist meiner Meinung nach sehr hilfreich, um zu verstehen, was eigentlich beim Dehnen in Ihrem Körper passiert. Lesen Sie dazu den folgenden Kastentext.

„Anatomie des Stretchings“
(frei nach dem gleichnamigen Buch von Brad Walker)

Ihre allgemeine Beweglichkeit wird zwar auch von Knochen, Gelenken, Bändern, Sehnen und Haut bestimmt, aber auf diese Faktoren haben Sie kaum Einfluss. Um die Beweglichkeit zu verbessern, müssen Sie die Muskeln und die **Faszien** (Bindegewebe, das Muskeln bzw. Muskelgruppen umhüllt) dehnen.

Knochen und Gelenke sind in Ihrem Bewegungsumfang begrenzt. Für das Kniegelenk ist beispielsweise eine Bewegung über die gestreckte Stellung hinaus nicht möglich.

Bänder verbinden die Knochen miteinander und stabilisieren die Gelenke. Eine Dehnung der Bänder ist unbedingt zu vermeiden, da die Gelenkstabilität beeinträchtigt wird und somit das Verletzungsrisiko zunimmt.

Sehnen verbinden Muskeln und Knochen und bestehen aus sehr dichtem Bindegewebe, sie sind extrem reißfest und dennoch sehr elastisch. Ihr Anteil an der Beweglichkeit eines Gelenkes beträgt nur zehn Prozent. Sehnen sollten nicht im Mittelpunkt der Dehnübungen stehen, aus dem gleichen Grund, der für Bänder gilt.

Muskeln bestehen aus Tausenden von kleinen zylindrischen Fäden, den Muskelfasern. Diese liegen parallel zueinander, manche sind bis zu 30 cm lang. In jeder Muskelfaser wiederum stecken zehntausende winziger Fädchen, die Muskelfibrillen, die dem Muskel die Fähigkeit verleihen, sich zusammenzuziehen, sich zu entspannen und zu dehnen. Der Anteil von elastischem Gewebe in Muskeln und ihren Faszien ist größer als bei den anderen, oben erwähnten anatomischen

Strukturen. Daher stehen Muskeln im Mittelpunkt unserer Dehnübungen.

Stretching (Dehnen) bedeutet, bestimmte Körperteile in eine solche Position zu bringen, dass Muskeln und die damit verbundenen Weichteile gedehnt werden.

Wer mit regelmäßigen Dehnübungen beginnt, wird bald eine Reihe von Veränderungen im Körper bemerken, besonders in den Muskeln selbst. Des Weiteren reagieren aber auch Bänder, Sehnen und Faszien sowie Haut und Narbengewebe auf die Übungen.

Bei jeder Muskeldehnung muss ein intensives Dehnungsgefühl spürbar sein. Eine Dehnung ist nur dann sinnvoll, wenn ein überschwelliger und regelmäßiger Reiz auf Nerven- und Bindegewebe ausgeübt wird. Wer regelmäßig dehnt, hat seinen Körper bereits an diesen Dehnungsreiz gewöhnt und empfindet Dehnung als wohltuend. Wer selten dehnt, empfindet häufig einen unangenehmen Dehnungsschmerz, weil das Nervensystem noch nicht angepasst ist. Also nicht gleich am Anfang aufgeben!

Noch 20 Minuten!

Ausführung „Dehnen 1 (Hand)“
Das Handgelenk befindet sich in leichter Streckung. Der zu dehnende Finger wird angebeugt. Nun greift die andere Hand den Finger und beugt ihn im Grundgelenk soweit wie möglich Richtung Handrücken nach oben. Der Finger bleibt weiter angespannt, als wollte man ihn weiter beugen. 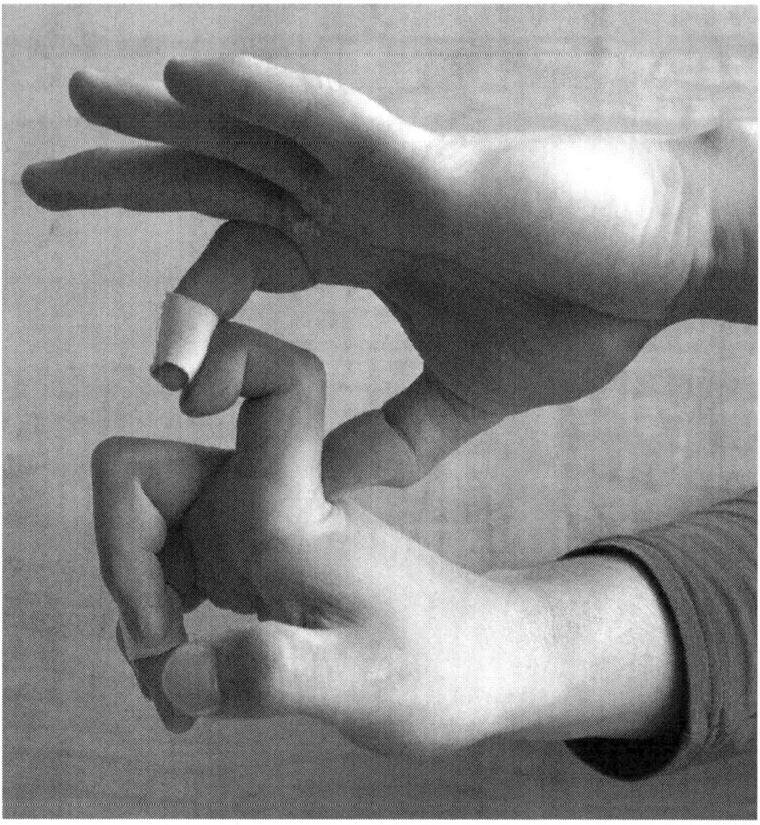 In dieser Weise wird mit allen Fingern verfahren.
Dehnen Sie jeden Finger für jeweils 10 Sekunden. Machen Sie zwei Durchgänge. (Bei dieser Übung müssen Sie keine Pausen einlegen.)

Ausführung „Dehnen 2 (Handbeuger)"

Sie stehen aufrecht. Ziehen Sie die Schulter nach unten und strecken Sie einen Arm nach unten.

Mit der anderen Hand die Hand des gestreckten Armes einschließlich aller Finger fixieren und sanft nach oben ziehen.

Dehnen Sie jede Seite für jeweils 20 Sekunden. Machen Sie zwei Durchgänge. (Bei dieser Übung müssen Sie keine Pausen einlegen.)

Ausführung „Dehnen 3 (Auswärtsdreher Unterarm)“

Setzen Sie sich aufrecht im Schneidersitz auf den Boden. Der Rücken bleibt gerade. Strecken Sie den linken Arm und legen Sie den Handrücken gegen das linke Schienenbein.

Greifen Sie mit der rechten Hand den linken Ellenbogen und drehen Sie den linken Arm nach innen.

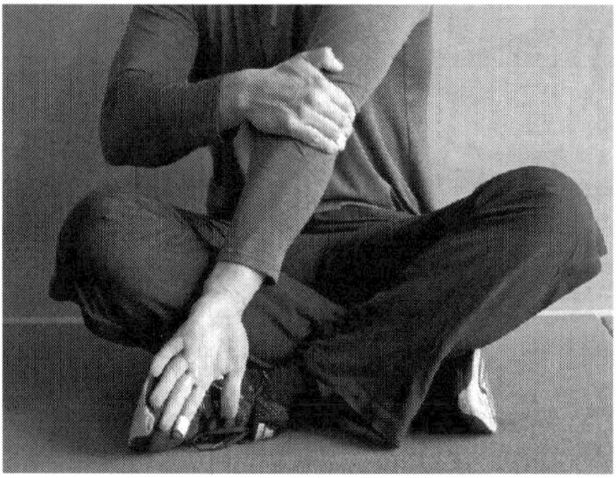

Der linke Arm wird dadurch gestreckt. Der Auswärtsdreher wird durch die Innenrotation gedehnt. Wechseln Sie anschließend zum rechten Arm.

Dehnen Sie jede Seite für jeweils 20 Sekunden. Machen Sie zwei Durchgänge. (Bei dieser Übung müssen Sie keine Pausen einlegen.)

Ausführung „Dehnen 4 (Bizeps)“

Sie stehen aufrecht. Drücken Sie eine Handfläche mit gestrecktem Ellenbogen und leichter Vorspannung in Höhe der Brust an eine Kante (z. B. Türrahmen).

Drehen Sie den Oberkörper nach vorne, bis Sie im vorderen Oberarm die Dehnung spüren.

Wechseln Sie anschließend zur anderen Seite.

Dehnen Sie jede Seite für jeweils 20 Sekunden. Machen Sie zwei Durchgänge. (Bei dieser Übung müssen Sie keine Pausen einlegen.)

Ausführung „Dehnen 5 (Brust und Schulter)“
Sie stehen aufrecht. Beugen Sie den Ellenbogen um 90 Grad und drücken Sie den Unterarm an eine Kante (z. B. Türrahmen). Der Ellenbogen ist etwa auf Höhe der Schulter (nicht höher).  Drehen Sie den Oberkörper nach vorne, bis Sie im Brustmuskel die Dehnung spüren.  Wechseln Sie anschließend zur anderen Seite.
Dehnen Sie jede Seite für jeweils 20 Sekunden. Machen Sie zwei Durchgänge. (Bei dieser Übung müssen Sie keine Pausen einlegen.)

Ausführung „Dehnen 6 (Trizeps)“
In aufrechter Haltung den zu dehnenden Arm so weit wie möglich nach oben strecken und den Ellenbogen maximal anbeugen. 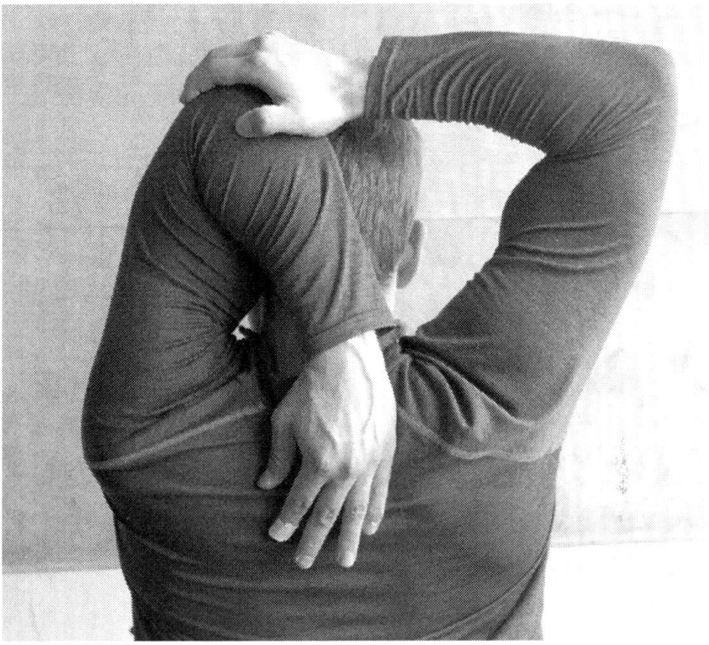 Die gegenüberliegende freie Hand zieht den Ellenbogen langsam weiter hinter dem Kopf nach unten, dann halten.
Dehnen Sie jede Seite für jeweils 20 Sekunden. Machen Sie zwei Durchgänge. (Bei dieser Übung müssen Sie keine Pausen einlegen.)

Gleich haben Sie es geschafft. Als letztes folgt noch das Dehnen der Beine. Falls nötig, motiviert Sie vielleicht der folgende kleine Absatz, die verbleibenden fünf Dehnübungen zu absolvieren:

Nur Anfänger hängen an den Armen, bis nichts mehr geht. Geübtere Kletterer nutzen geschickt auch die Kraft der Beine und finden einen perfekten Tritt mit Ihren Kletterschuhen. Was viele nicht wissen: Das geht nur dann gut, wenn die Beweglichkeit von Rumpf und Hüfte stimmen. Deutlich wird das in Verschneidungen, bei denen die Spreizfähigkeit der Beine oft entscheidend ist. Aber auch bei sehr hohen oder weit seitlichen Tritten machen unbewegliche Kletterer keinen Stich. Damit alles rund und geschmeidig läuft, müssen die größeren Muskelgruppen des Körpers auf die Belastungen vorbereitet werden - durch Dehnen.

Noch 10 Minuten

Ausführung „Dehnen 7 (Oberschenkel vorn)"

Nehmen Sie einen stabilen Stand ein. Gegebenenfalls halten Sie sich mit einer Hand an der Wand fest.

Die andere Hand umfasst den Spann (nahe am Sprunggelenk) des zu dehnenden Beines. Das gebeugte Bein wird nun in Richtung Po gezogen; der wird dabei angespannt und nach vorne geschoben.

Die Dehnung ist deutlich in der Vorderseite des Oberschenkels zu spüren. Wechseln Sie nach 20 Sekunden die Seite.

Dehnen Sie jede Seite für jeweils 20 Sekunden. Machen Sie zwei Durchgänge. (Bei dieser Übung müssen Sie keine Pausen einlegen.)

Ausführung „Dehnen 8 (Oberschenkel hinten)“

Nehmen Sie einen stabilen Stand ein. Das zu dehnende Bein wird nach vorne auf eine Erhebung, z. B. einen Stuhl gelegt. Die Hände liegen auf dem Oberschenkel des gehobenen Beines. Dessen Knie bleibt leicht gebeugt.

Gehen Sie nun mit geradem Rücken nach vorn unten, bis ein leichtes Ziehen im hinteren Oberschenkel zu spüren ist. Nach einer gewissen Zeit kann der Fuß zusätzlich angezogen werden. Das zu dehnende Bein bleibt immer leicht angebeugt.

Nach 20 Sekunden wechseln Sie die Seite.

Dehnen Sie jede Seite für jeweils 20 Sekunden. Machen Sie zwei Durchgänge. (Bei dieser Übung müssen Sie keine Pausen einlegen.)

Ausführung „Dehnen 9 (Hüftbeuger)"

Sie knien in aufrechter Haltung auf einer weichen Unterlage (z. B. auf einem gefalteten Handtuch). Das zu dehnende Bein bleibt unten. Das andere Bein wird nach vorn aufgestellt. Die Knie sind jeweils genau 90 Grad gebeugt.

Jetzt setzen Sie das aufgestellte Bein eine Fußlänge weiter nach vorn, um genügend Spielraum für das Dehnen zu bekommen. Schieben Sie das Becken mit geradem Rücken nach vorn, bis ein deutliches Ziehen in der Leistengegend spürbar ist.

Nach 20 Sekunden wechseln Sie die Seite.

Dehnen Sie jede Seite für jeweils 20 Sekunden. Machen Sie zwei Durchgänge. (Bei dieser Übung müssen Sie keine Pausen einlegen.)

Ausführung „Dehnen 10 (Seitliche Rumpfbeuger)“

Nehmen Sie einen stabilen Stand ein. Stellen Sie das rechte Bein über das linke Bein. Heben Sie den rechten Arm an.

Führen Sie den rechten Arm im großen Bogen über den Kopf, so dass sich der gesamte Oberkörper nach links neigt.

Die linke Hand wird dabei in Richtung Boden geführt. Die seitliche Rumpfmuskulatur wird gedehnt.

Nach 20 Sekunden wechseln Sie auf die linke Seite.

Dehnen Sie jede Seite für jeweils 20 Sekunden. Machen Sie zwei Durchgänge. (Bei dieser Übung müssen Sie keine Pausen einlegen.)

Ausführung „Dehnen 11 (Rumpfrotatoren)"

Sie legen sich auf den Rücken. Ziehen Sie beide Beine maximal an den Po heran. Die Arme liegen angewinkelt neben dem Kopf.

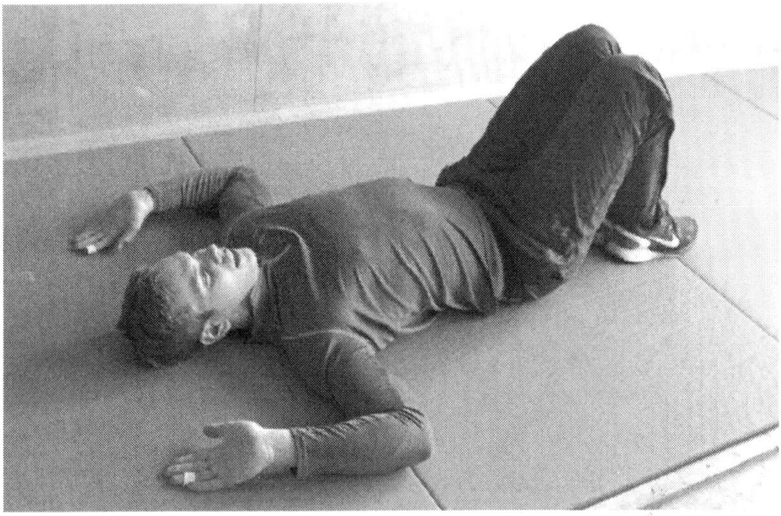

Die geschlossenen Beine werden zu einer Seite abgelegt, wobei nur das Eigengewicht der Beine genutzt wird. Die gegenüberliegende Schulter bleibt am Boden.

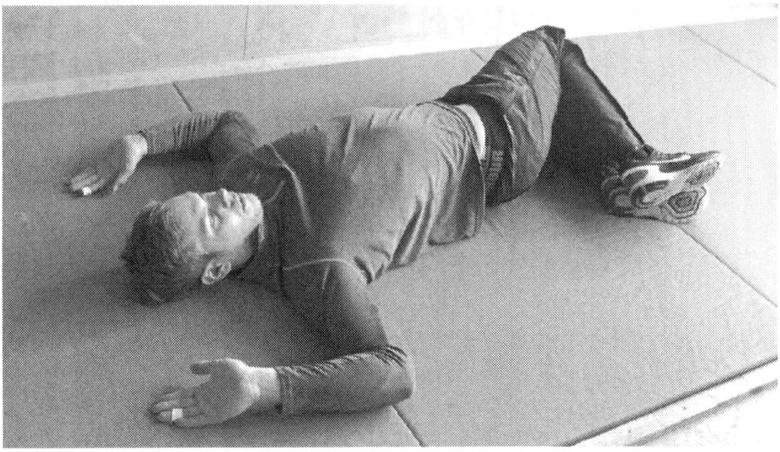

Wechseln Sie nach 20 Sekunden die Seite.

Dehnen Sie jede Seite für jeweils 20 Sekunden. Machen Sie zwei Durchgänge. (Bei dieser Übung müssen Sie keine Pausen machen.)

Geschafft!

Damit ist das Boulder-Workout beendet. Wenn Sie trainiert haben ohne zu klettern, also den Teil 2 ausgelassen haben, dann müssten Sie das Workout in etwa 60 Minuten geschafft haben. Wahrscheinlich dauert es am Anfang ein wenig länger, da Sie noch des Öfteren ins Buch blicken müssen.

Bleiben Sie dran!

Versuchen Sie dieses Workout genau einmal in der Woche zu absolvieren. Sie werden sich im Klettern nach 6 bis 8 Wochen spürbar verbessert haben, darauf möchte ich wetten.

Bei Fragen...

Wenn Sie einen Fehler gefunden haben, etwas ganz anders sehen als ich, wenn Sie mir Anregungen oder Ergänzungen geben möchten, oder wenn Sie nur Fragen zu Inhalten in diesem Buch haben, lassen Sie uns doch bitte per E-Mail in Kontakt treten. Ich freue mich über jedes Feedback und jede konstruktive Diskussion. Schreiben Sie einfach eine E-Mail an *boulder-workout@michael-tessin.de*. Vielen Dank!

Literaturverzeichnis

- Stefanie Fischer Fernandez
  „ClimbingFlex, mit Yoga beweglicher Klettern", 2013
- Thomas Hochholzer,
  „So weit die Hände greifen", 2014
- Gerald Krug
  „Die 4. Dimension, Kletter-und Boulderlehrbuch", 2014
- Dave MacLeod
  „9 von 10 Kletterern machen die gleichen Fehler", 2014
- Olaf Perwitzschky
  „Besser Klettern", 2013
- Jürgen Reis
  „Peak Power", 2. Auflage 2011
- Michael Tessin
  „Split-Training zum effektiven Muskelaufbau", 2016
- Brad Walker
  „Anatomie des Stretchings", 2011

Bildnachweise

Die meisten Fotos und Bilder wurden von Michael Tessin erstellt.

Die übrigen Fotos und Bilder stammen von folgenden Urhebern:

- Walter Treibel
  S. 46 oben
- Thomas Hochholzer
  S. 46 unten
- NejroN @ 123RF (Lizenzfreie Bilder)
  Titelseite

Vielen Dank an Dr. Treibel und Dr. Hochholzer für die freundliche Erlaubnis, die Fotos verwenden zu dürfen.

Index

Y

Z

Übersicht zum Ausschneiden

Schneiden Sie diese Seite aus und nutzen Sie sie als Lesezeichen. Während des Workouts können Sie die Seite als Ablaufplan benutzen und bei Bedarf schnell zu der Seite blättern, auf welcher die Ausführung einer bestimmten Übung beschrieben ist.

„Boulder-Workout“

9511015R00053

Printed in Germany
by Amazon Distribution
GmbH, Leipzig